AVERTISSEMENT DE L'AUTEUR

Les histoires racontées dans ce livre sont celles de personnages ayant réellement existé
et d'événements qui se sont réellement produits. Toutefois, nous y avons aussi introduit
des personnages imaginaires que nous avons placés dans des situations
que les gens ont pu connaître à l'époque où l'action se déroulait.

Chacun des châteaux présentés dans ce livre peut être visité. La Tour de Londres, le château Saint-Ange
et la forteresse d'Osaka sont aujourd'hui des musées très fréquentés au cœur de grandes villes.
Le château de Chambord, au milieu de son immense parc forestier, et celui de Neuschwanstein,
dans les Alpes bavaroises, sont restés pratiquement inchangés. Ceux de Caernarfon, de Bodiam
et le krak des Chevaliers sont partiellement en ruine ; Château-Gaillard est totalement en ruine.
Seul le château de Windsor est encore de nos jours une résidence royale.

À Liz ~ S.B.

À Ben ~ M.H.

Les numéros inscrits dans de petits losanges intercalés dans le texte ◇ se réfèrent à ceux qui figurent
en blanc dans des losanges noirs sur la petite image représentant chacun des châteaux. Une fois que vous les aurez
localisés, reportez-vous à la double page précédente, où se trouve la grande image de présentation du château concerné.

10 HISTOIRES DE CHATEAUX

Illustré par
Stephen Biesty
et
Écrit par
Meredith Hooper

GALLIMARD JEUNESSE

Sommaire

Ce livre raconte dix histoires
concernant dix étonnants châteaux qui existent réellement.

**Page
6**

Château-Gaillard

France ~ 5 octobre 1198

Le roi Richard Cœur de Lion fait construire un extraordinaire château pour défier son vieil ennemi. Mais combien de temps tiendra-t-il aux mains de son frère ?

**Page
10**

Krak des Chevaliers

Syrie ~ 29 mars 1271

Le sultan Baybars attaque le krak des Chevaliers.
Parviendra-t-il à arracher la forteresse aux chevaliers croisés qui la défendent ?

**Page
14**

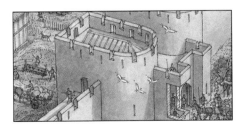

✦ Château de Caernarfon

Pays de Galles ~ 20 août 1320

William, le tailleur de pierres, regarde les rues animées de Caernarfon depuis le sommet du château où il travaille.
Se pourrait-il que la ville soit le repaire d'espions gallois ?

**Page
18**

✦ Château de Windsor

Angleterre ~ 19 janvier 1344

Le roi Édouard III d'Angleterre organise un magnifique tournoi au château de Windsor. Quelle sera la récompense pour ses loyaux chevaliers ?

Page 22

✳ ## Château de Bodiam
Angleterre ~ 25 mai 1392

Sir Edward Dallingridge se prépare pour le banquet qui doit avoir lieu à Bodiam. Mais qui sont les mystérieux cavaliers qui se dirigent vers le château ?

Page 30

✳ ## Tour de Londres
Angleterre ~ 29 mai 1533

Le roi Henry VIII accueille sa nouvelle reine, Anne Boleyn, à la Tour de Londres. Mais pourquoi celle-ci pleure-t-elle lorsqu'elle y revient trois ans plus tard ?

Page 38

Forteresse d'Osaka
Japon ~ 30 novembre 1614

Le jeune seigneur Toyotomi Hideyori se prépare à défendre la forteresse d'Osaka contre la gigantesque armée de Tokugawa Ieyasu. Mais lequel des deux en sortira vainqueur ?

Page 26

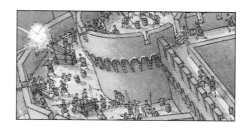

Château Saint-Ange
Italie ~ 6 mai 1527

Benvenuto Cellini se fait artilleur sur les remparts du château Saint-Ange pour le défendre contre les assaillants. Mais pourquoi finira-t-il au fond de ses cachots ?

Page 34

✳ ## Château de Chambord
France ~ 18 décembre 1539

Le roi François 1er accueille un empereur à Chambord. Jusqu'où ira-t-il pour impressionner son visiteur ?

Page 42

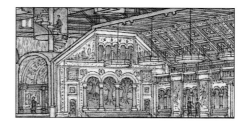

✳ ## Château de Neuschwanstein
Allemagne ~ 7 février 1886

Le roi Louis II de Bavière pense à son château de Neuschwanstein, ce palais de conte de fées dont il a tant rêvé. Lui apportera-t-il le bonheur qu'il attend depuis si longtemps ?

6

Château-Gaillard

— ❦ —

5 octobre 1198

Aux confins de la Normandie, en royaume de France, le roi Richard 1er d'Angleterre fait construire une place forte : Château-Gaillard. La forteresse n'est qu'à trois jours de cheval de Paris, la capitale de son farouche ennemi, le souverain français Philippe Auguste.

La nouvelle a fait le tour du chantier : le roi est là !

Les terrassiers qui creusent le fossé extérieur ◇1◇ se sont soudain mis à piocher plus vite dans la roche blanc de craie. Les couvreurs courbent un peu plus l'échine au-dessus des murs vertigineux pour hisser les ardoises bleues au sommet de la tour de façade ◇2◇. À la cantine ◇3◇, installée hors des murs de la forteresse, les cuisiniers ont arrêté de bavarder et se sont remis à surveiller la potée dans les chaudrons.

Les charpentiers ◇4◇ scient plus vite, répandant dans l'air de douces senteurs de bois coupé. Des éclats de pierre volent en tous sens tandis que les tailleurs de pierre ◇5◇ équarrissent de lourds blocs de roche. Les forgerons ◇6◇ suent au-dessus de leurs feux en martelant pioches et burins. En voulant se dépêcher, un porteur trébuche et renverse la charge de mortier que contenait sa hotte ◇7◇. Le mortier coule le long du mur. Dieu le protège si le roi voit ça !

Mais le roi ne le voit pas. Pour l'heure, Richard se tient au sommet du donjon ◇8◇. Dressant sa puissante silhouette et sa chevelure rousse dans le vent d'automne, jetant son regard bleu sur le spectacle, il se laisse bercer par les bruits des pioches, des marteaux, des scies ; le brouhaha permanent de centaines d'hommes au travail.

Hubert, le maître d'œuvre, attend respectueusement en retrait. Il faut qu'il discute avec le roi des tout nouveaux types de fortifications qui doivent être installés sur le donjon. Mais le souverain est occupé avec un évêque qui arrive d'Angleterre.

« Regardez mon château, dit-il ! Il y a seulement deux ans, il n'y avait rien, ici. Rien que le grand méandre de la Seine, ces hautes falaises creusées par les eaux jaunes et un chapelet d'îles. Et aujourd'hui, vous contemplez le château le mieux fortifié que le monde ait connu.

J'en connais chaque pierre. Il faut dire que j'arrive ici sans prévenir, quand personne ne m'attend. C'est qu'il faut les pousser, les ouvriers ! J'ai hâte que tout soit achevé ! J'ai commencé à guerroyer en France à l'âge de seize ans, alors que je n'avais pas un poil sur le menton. J'ai mis toute mon expérience des sièges, des fortifications et des armes dans la conception de ce glorieux et inexpugnable édifice. Regardez, en bas, la muraille qui enserre le donjon ◇9◇. Voyez comme elle se dresse au-dessus de ce profond fossé, avec ses contreforts bombés en demi-tambours pour dévier les projectiles et les envoyer ricocher vers les attaquants.

J'ai plus dépensé pour mon Château-Gaillard que pour toutes mes autres forteresses d'Angleterre. Et pourquoi ? Parce que je veux qu'il soit un défi à mon ennemi le roi de France Philippe Auguste. Je l'ai construit juste à la frontière de la Normandie. Sachez, Monseigneur, que moi, Richard Cœur de Lion, je possède plus de terres en France que ce traître de Philippe Auguste. Vous savez toute la haine que j'éprouve pour lui. Je n'ai pas à m'en justifier, mais je vais quand même vous dire pourquoi.

Il y a huit ans, l'Angleterre et la France ont conduit leurs armées en croisade pour combattre ensemble les infidèles. Avant de partir, nous avions conclu un traité pour cesser de nous faire la guerre. Mais une fois en Terre sainte, engagés dans d'âpres combats contre le puissant Saladin, Philippe Auguste trouva un prétexte pour rentrer en France. De retour chez lui, il profita de mon absence pour envahir mes territoires. Et moi ? Je fus capturé sur le chemin du retour et emprisonné en Germanie. C'est ce fourbe de Philippe Auguste qui avait ourdi ce complot pour me retenir captif. Mes sujets anglais ont dû payer une rançon royale – trente-quatre tonnes d'argent – pour obtenir ma libération.

Depuis, je n'ai eu de cesse de reconquérir mes territoires. Aujourd'hui, mon nouveau château est invincible. Et il le serait même si ses murs étaient de beurre. »

Sur ces mots, le roi Richard s'engage dans l'escalier, maître Hubert courant à sa suite.

8

Le printemps suivant, au début de la saison, on retrouve le roi Richard en campagne, assiégeant le château de Châlus, dans le Limousin. Sur les remparts, un arbalétrier arrogant défie les attaquants, hurlant qu'il lui suffirait d'une poêle à frire pour repousser ces chiens d'Anglais. Richard est venu voir, mais il ne porte pas d'armure. Il lève son bouclier une fraction de seconde trop tard : un carreau d'arbalète vient de s'enfoncer dans son épaule. Mais le roi en a vu d'autres et néglige de faire soigner la blessure. Bientôt, la gangrène s'y loge et, le 6 avril 1199, Richard 1er meurt à l'âge de quarante et un ans.

« Le lion a été tué par la fourmi », chanteront les ménestrels pour pleurer sa mort.

Jean sans Terre, le frère de Richard, lui succède sur le trône. Il achève la construction de Château-Gaillard, mais il y fait ajouter une fenêtre dans le mur externe de la chapelle ⟨10⟩, au-dessus des falaises abruptes qui bordent la rivière, ainsi que des latrines, s'évacuant par un conduit le long de la muraille.

Quant au roi Philippe Auguste, cela fait bien longtemps qu'il cherche à récupérer la Normandie. Il ne se serait pas mesuré à Château-Gaillard du vivant de Richard. Mais avec ce fou de Jean, c'est une autre histoire ! En septembre 1203, il met le siège devant la forteresse. Il a soigneusement préparé son plan. La palissade ⟨11⟩ que Richard avait fait construire en travers du fleuve est d'abord détruite ; le fort sur une île et le pont ⟨12⟩ sont pris, ainsi que toutes les défenses entourant le château. La garnison anglaise fait une tentative pour se libérer du siège qui se solde par un échec.

Château-Gaillard est désormais soumis à un véritable blocus. Les gens du village, qui s'étaient réfugiés dans le château aux premières heures de l'attaque, sont jetés dehors afin d'économiser les vivres pour les combattants. Ils mourront de faim dans les fossés. Les catapultes ennemies envoient sans relâche leurs projectiles contre les murailles du château, tandis que des arbalétriers décochent leurs traits depuis le sommet des tours d'assaut en bois.

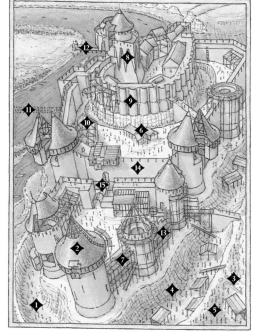

Avec beaucoup de difficultés, les assaillants parviennent à miner le mur d'enceinte externe ⟨13⟩ et à y ouvrir une brèche. Maintenant, ils se heurtent au mur central ⟨14⟩, qui semble imprenable. Mais un soldat du nom de Bogis a trouvé le point faible. Il escalade la falaise sous la chapelle puis se faufile dans le conduit des latrines, qu'il remonte malgré la saleté repoussante des parois. Avec cinq compagnons, il parvient à atteindre la fenêtre de la chapelle. Ils y pénètrent dans un fracas d'enfer pour faire croire à l'attaque de tout un détachement. Sous le choc, la garnison tente de les repousser. Dans la confusion, Bogis et ses compagnons parviennent à abaisser le pont-levis ⟨15⟩, et les Français se ruent à l'assaut.

Un gros engin de siège est approché du mur d'enceinte du donjon pour le battre en brèche. Des mineurs creusent une galerie de mine sous les fondations.

Dans le donjon, la défense est si exténuée qu'elle ne tente même pas de résister. Le 4 mars 1204, au terme d'un siège de six mois, Château-Gaillard, la magnifique forteresse de Richard Cœur de Lion, est tombé.

10

Krak des Chevaliers

—⟨⟩—

29 mars 1271

Cela fait 161 ans que les chevaliers de Saint-Jean-de-l'Hôpital tiennent le krak des Chevaliers, une forteresse croisée située en Syrie. Mais aujourd'hui, ils sont assiégés par Baybars 1er, sultan d'Égypte.

Les villageois, misérables, se sont réfugiés
à l'intérieur des murs du château. Du ciel
tombent des bombes de naphte
enflammées qui se fracassent partout.
Sous le pilonnage des catapultes, les
murailles tremblent. Dans
la chapelle, les chevaliers prient.

Bien sûr, leur massive forteresse est une magnifique
machine de guerre, conçue pour soutenir les sièges
et arrêter les envahisseurs. Elle possède neuf citernes
et un puits qui fournissent de l'eau fraîche, du
fourrage en quantité pour les chevaux, des ateliers,
un moulin à vent pour moudre le grain :
de quoi tenir longtemps. En outre, ➤

elle peut abriter une garnison de deux mille hommes. Mais pour l'heure, seuls soixante chevaliers et quelques troupes locales la défendent. Les renforts, qui viennent d'Europe, ont un voyage long et difficile pour parvenir jusqu'à eux et se font attendre.

Hors des murs, la puissante armée de Baybars attaque sans relâche. Le sultan possède une superbe cavalerie ⟨1⟩, des arbalétriers ⟨2⟩ rompus à tous les combats, des milliers de fantassins ⟨3⟩ et des engins de siège. La troupe est accompagnée de médecins, de prêcheurs et d'une énorme caravane de bagages. Les soldats sont armés de lances, de haches, d'épées, de poignards, de frondes, d'arcs et de flèches. Leurs engins de siège ⟨4⟩ envoient les projectiles avec une redoutable précision à plus d'une portée de flèche. Ces machines, les hommes des deux camps leur donnent des surnoms, comme « la Diabolique » ou « la Voisine du mal ». Baybars ⟨5⟩ lui-même est un redoutable combattant et un prestigieux chef de guerre. Cet homme grand, fort, à la peau brune et aux yeux bleus, a été capturé alors qu'il était enfant dans les steppes du sud de la Russie, puis vendu comme esclave. Il a été converti à l'islam et entraîné au combat dans les troupes d'élite du sultan d'Égypte. Revenu vainqueur de la bataille, il a fait assassiner Qutuz, le sultan, qui lui refusait les fonctions de gouverneur de Syrie, puis s'est fait proclamer nouveau sultan par les chefs de son armée.

Maintenant, Baybars se bat pour chasser de la région les envahisseurs européens. Pour les chrétiens, cette terre est la Terre sainte, celle où a vécu le Christ ; ils y ont déjà mené d'ardentes croisades. Mais la région est aux musulmans depuis qu'ils l'ont conquise au VIIe siècle et Baybars est bien déterminé à prendre et à anéantir les places fortes que les croisés y ont érigées. Et de toutes, le krak des Chevaliers est la plus prestigieuse et la mieux fortifiée.

Durant les dix premiers jours du siège, la pluie, qui n'a cessé de tomber sur les montagnes, a transformé la terre en boue, contraignant les attaquants à l'attente. Puis le temps s'est éclairci. Les lourdes machines d'assaut ont pu être mises en place. L'avant-fort triangulaire ⟨6⟩ est déjà tombé aux mains des assaillants, constituant désormais leurs premières lignes. Baybars y a fait placer des arbalétriers qui décochent leurs traits sur les défenseurs, et les machines d'assaut ont pu être rapprochées.

Le krak des Chevaliers est bâti sur un piton rocheux. Des pentes abruptes l'entourent et le protègent sur trois côtés. Au centre du château, se trouve une cour ⟨7⟩ parcourue de passages couverts pour protéger les occupants des projectiles qui s'abattent. La seule façon d'y accéder est de passer par la redoutable Grande Rampe ⟨8⟩, un long tunnel sombre entrecoupé d'ouvertures par où pénètre une lumière aveuglante. La Grande Rampe décrit une courbe serrée. Dans ses murs, s'ouvrent des meurtrières, des culs-de-sac et de multiples portes. L'entrée la plus externe ne peut être atteinte que par la plaine qui s'étend en contrebas du château. Difficile de pénétrer au cœur du krak par ce chemin semé de pièges !

Baybars a décidé d'attaquer par la face sud, la seule qui ne présente pas un versant abrupt. À cet endroit, la ligne de défense intérieure est une massive muraille en talus ⟨9⟩ percée de meurtrières que l'on atteint par une gaine de circulation ⟨10⟩. Elle est renforcée de trois hautes tours semi-circulaires dont la base est protégée par une profonde citerne remplie d'eau ⟨11⟩. Devant, se trouvent les murs et les tours de l'enceinte externe ⟨12⟩ qui ceinture complètement le château. Baybars a trouvé son point faible : la tour sud-ouest ⟨13⟩. Il a fait approcher de son pied un robuste abri roulant ⟨14⟩. Bien protégés en dessous, des hommes sont en train de miner les fondations.

12

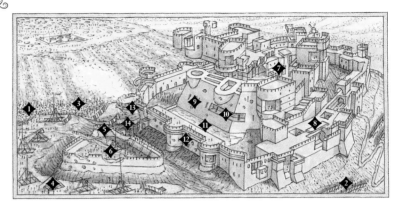

Le sultan est un brillant général. Toujours en première ligne avec ses hommes, il vient vérifier le travail des mineurs et n'hésite pas à décocher des carreaux en compagnie des arbalétriers. Le 29 mars, il donne le signal. Dans un fracas de tonnerre, la tour sud-ouest, minée, s'effondre. Ses troupes se ruent dans la brèche au son des tambours, des gongs, des cymbales que l'on frappe, des trompes dans lesquelles on souffle pour créer un vacarme destiné à terrifier les occupants du château. Les assaillants sont maintenant dans la cour externe. Ceux qui la défendaient sont tués ; les combattants locaux, originaires des montagnes des alentours, sont faits prisonniers. En revanche, on laisse partir librement les villageois.

Les lignes de défense intérieures, derrière lesquelles les chevaliers se sont repliés, sont, quant à elles, toujours intactes. Baybars n'a pas envie de détruire complètement ce majestueux château. Pour lui, la lutte ouverte à l'épée ne doit intervenir que lorsque toutes les autres méthodes ont échoué. C'est un rusé ; la tromperie fait partie de ses armes. S'il peut éliminer un rival au poignard, par surprise, il n'hésite pas. Il a des espions partout, et d'autres espions qui espionnent les espions. Il est intelligent, impitoyable ; personne ne sait ce que sera sa prochaine action, il n'est jamais là où on l'attend. Il lui arrive même de tromper ses plus proches conseillers. Avec des chevaux, des dromadaires et des pigeons voyageurs, il a mis en place un très efficace service postal. Tous les courriers lui parviennent, de sorte qu'il est toujours très vite au courant de tout ce qui se passe.

Baybars a rédigé une lettre adressée aux Chevaliers qui tiennent encore le krak – une fausse lettre semblant écrite de la main du Grand Maître de l'ordre des moines-chevaliers de Saint-Jean-de-l'Hôpital, et qui les autorise à se rendre. Peut-être les Chevaliers ne sont-ils pas dupes, mais c'est leur seule chance d'en réchapper. Ils capitulent le 8 avril. Baybars les laisse quitter les lieux librement.

Le sultan est satisfait : le grand krak est désormais à lui. Non seulement il a su limiter les dégâts, mais ses ouvriers sont déjà en train de les réparer.

Quatre semaines plus tard, Baybars doit faire face à une nouvelle menace. Le prince Édouard d'Angleterre vient d'arriver en Terre sainte avec une troupe de chevaliers en renfort. Baybars négocie une trêve pour dix ans, dix mois, dix jours et dix heures. Depuis toujours, musulmans et chrétiens alternent ainsi les périodes de guerre et de paix. Mais Baybars redoute qu'Édouard ne revienne avec une armée plus puissante. Alors, il ordonne à un membre de la tribu des Assassins de s'introduire comme serviteur au sein des appartements du prince anglais. Tandis que ce dernier se repose, le faux serviteur tente de le frapper d'un coup de poignard dans l'estomac. Par chance, le prince a pu parer l'attaque et s'en sort indemne. Bientôt, il retourne en Angleterre où son père vient de mourir ; il est désormais le roi Édouard 1er.

Le sultan Baybars mourra cinq ans après la prise du krak des Chevaliers. On raconte qu'il aurait fait porter une coupe de lait de jument fermenté à un roi ennemi qui, après l'avoir bue, serait mort dans d'atroces souffrances. Par erreur, dit-on, Baybars aurait bu à la même coupe dans laquelle il restait assez de poison pour le tuer ; un poison que lui-même avait fait verser.

13

Château de Caernarfon

— ❦ —

20 août 1320

L'imposante silhouette de la forteresse de Caernarfon pointe vers la mer, rappelant à tout un chacun la domination anglaise au pays de Galles.

Entreprise il y a près de quarante ans par le roi Édouard 1er d'Angleterre, sa construction n'est, à l'heure d'aujourd'hui, toujours pas achevée.

14

William gravit l'échelle en bois en comptant les barreaux. Il a l'habitude de travailler en hauteur ; c'est le lot de tous les maçons tailleurs de pierre. Mais compter les barreaux, c'est un peu une façon de conjurer le mauvais sort. Soixante-neuf, soixante-dix, soixante et onze ; le voici au sommet de la statue ◇1◇ du roi Édouard II, au-dessus du grand portail ◇2◇, comme suspendu aux flancs de ce château qui déploie sa masse impressionnante. Le jeune homme en connaît toutes les savantes fortifications. Il en a exploré chaque escalier, chaque pièce et les passages les plus étroits. Ce sont les maçons qui bâtissent les murs des châteaux, alors vous pensez s'ils les connaissent !

William se penche pour vérifier les deux crampons de fer qui retiennent la statue. « Fais bien attention », n'a cessé de lui répéter sa mère, tandis qu'il travaillait la pierre dans la cour des maçons ◇3◇ pour la sculpter à l'image du souverain. « Notre roi Édouard est un homme élégant, n'oublie pas. Il est né ici, à Caernarfon, bénit soit-il ! » Et tout en modelant, le burin à la main, le fier regard ou les délicates boucles de la barbe royale, William se remémorait une fois encore l'histoire qu'il avait entendue toute sa vie. Comment le roi

Édouard 1er, qui dépassait tout le monde de plus d'une tête, avait conquis le pays de Galles à son retour des croisades. Comment, pour renforcer son emprise sur les Gallois, il avait ceinturé la province de forteresses. Comment la reine Aliénor, qui suivait son époux partout, avait choisi la plus puissante de toutes, Caernarfon, pour donner naissance à leur enfant : un robuste garçon - son quatorzième - baptisé Édouard. Les murailles, alors, n'étaient même pas encore achevées. Et comment le roi avait décrété que son fils, à cause du lieu de sa naissance, aurait pour titre celui de prince de Galles (le premier du nom ! Ce titre fut, par la suite et de nos jours encore, attribué à tous les fils aînés de la couronne d'Angleterre). Mais le roi et la reine n'étaient jamais revenus dans le grand château.

Leurs chambres les attendaient, vides ; celles des princes et des princesses, leurs chapelles privées, vides aussi.

Édouard 1er et la reine Aliénor sont morts depuis longtemps, maintenant. C'est désormais leur fils, le prince de Galles, qui règne sous le nom d'Édouard II. Et lui non plus n'est jamais revenu. Ce sont les araignées qui ont pris possession des planchers du château, le vent marin qui court sur les courtines et les pigeons qui, en se faufilant par les meurtrières, ont fait leurs pigeonniers des sombres passages ◇4◇ qui parcourent les épaisses murailles. Seuls une trentaine d'hommes sont en garnison dans cette place forte. Dix d'entre eux sont des arbalétriers ◇5◇. Quant aux autres, ils sont portiers, gardes, sentinelles ou bien encore ouvriers.

William tire une pomme de sa tunique et s'assied sur ses talons tout en mâchonnant. Des goélands planent dans le vent. Il y a plus d'oiseaux que d'hommes

dans ce coin perdu, c'est sûr ! Depuis son poste, William peut voir sa femme qui va chercher de l'eau à l'aqueduc, sur la place du marché ◇6◇. Elle s'arrête pour parler à son frère, le soldat, venu en visite ; ce dernier montre son arc à une bande de gamins excités.

Hova le forgeron est à sa forge ◇7◇, fabriquant des barreaux pour les fenêtres du corps de garde. Thomas, son aide, est encore en train de faire la sieste derrière

la forge. William ne peut s'empêcher de rire : ce paresseux croit sans doute que personne ne peut le voir. Et le vieux Walter, le maître verrier, qu'a-t-il donc à s'énerver de la sorte devant la taverne ◇8, près de la porte ouest ◇9 ? On dirait un début de bagarre. Ça va faire sortir les gardes, c'est sûr ! Quant à Nick le fou, le voilà encore au pilori !

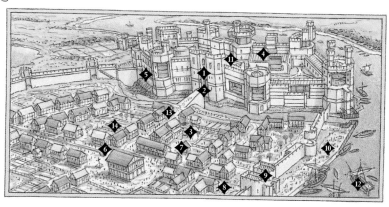

William jette un coup d'œil vers le débarcadère ◇10. Il y a beaucoup de monde, là-bas. Des marchandises arrivent de partout, des pierres taillées, des tas de charbon, de longs madriers pour la nouvelle salle ◇11 que l'on construit derrière le corps de garde. Il y a toujours des embarras à la porte ouest à cause des chariots que l'on ne laisse pas passer. Il faut vérifier l'identité et les marchandises de tous ceux qui veulent entrer en ville ; cela prend du temps. Mais il faut bien que les gens des environs viennent y faire commerce. Au coucher du soleil, ils devront ressortir. Quand sonnera la cloche du couvre-feu, ils seront tous dehors et l'on fermera les portes. On n'est jamais trop prudent.

William tourne son regard vers la mer étincelante. Un navire de bonne taille ◇12 approche avec la marée. C'est probablement Robert, son frère, qui revient avec un chargement de fer.

Le cœur de Robert le marin bat toujours plus fort à l'approche du quai. Lorsqu'on arrive ainsi par la mer, le château est si beau, si grand, avec ses murs bicolores qui le font ressembler à une cité antique, ses tours anguleuses, ses drapeaux qui flottent au-dessus des remparts, et les montagnes qui s'élèvent dans le lointain ! Pour ce voyage, Robert avait un homme d'équipage supplémentaire, Huw le Gallois. Huw est fort et utile à bord ; et lui, au moins, il parle un peu d'anglais en plus de son jargon gallois. Robert lui a donné congé jusqu'au coucher du soleil pour se rendre à terre au cabaret, près des fossés du château ◇13.

Huw le Gallois ne porte pas d'arme qui pourrait attirer la suspicion des gardes de la porte ouest, mais il observe avec attention, pour bien se souvenir de tout. Devant le cabaret, il rencontre seulement une fille portant un panier d'œufs et un homme avec une coiffe de laine verte. Pourtant, cette rencontre est capitale : ce sont des contacts, et Huw est un espion. Car si certains Gallois sont loyaux envers le roi, et servent même dans son armée, d'autres ne rêvent que de libérer leur province du joug anglais. Dans tout le pays, des barons rebelles se dressent devant Édouard II et, dans la ville, il y a des caves secrètes et des souterrains ◇14 qui courent sous certaines maisons. Huw est ici pour découvrir lesquelles. Qui sait ce qui se prépare ?

Au-dessus du corps de garde, William vérifie les douze piquets de fer forgés par Hova pour empêcher les oiseaux de se poser sur la statue du roi. Ils fonctionnent bien ; pas une fiente sur le visage royal. Sur le genou, en revanche, il y a déjà une grosse coulée blanche. William la nettoie. Puis il commence à redescendre l'échelle de bois. Il s'arrête à mi-hauteur. Et si Édouard II ne revenait jamais dans son château ? Alors la statue qu'il a sculptée resterait l'unique témoin de la présence royale à Caernarfon.

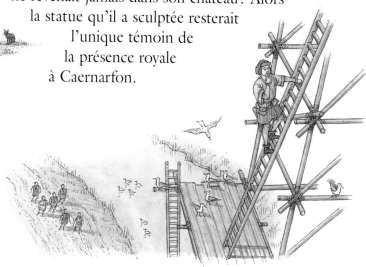

17

18

Château de Windsor

—❦—

19 janvier 1344

Il y a foule aujourd'hui au château de Windsor. Édouard III, le roi d'Angleterre, y a organisé un grand tournoi. Aux côtés de son fils de treize ans, le prince de Galles Édouard, et d'une équipe de dix-huit chevaliers triés sur le volet, le souverain a décidé d'affronter quiconque est prêt à relever le défi.

Un soleil bas brille dans un ciel froid. Chaque pas laisse une empreinte verte sur le blanc de l'herbe gelée, qui craque sous le pied. Le grand château vibre d'excitation : des hommes forts et braves s'affrontent. Chacun veut l'emporter et cherche à dompter ses nerfs, invoquant sa belle et Dieu pour lui porter chance. Combattre ici, c'est démontrer son courage et les prouesses guerrières dont on est capable. Les chevaux piaffent. Son éclatant des trompes, cliquetis des harnais, cris de la foule : un tournoi est toujours un instant d'une grande intensité dramatique, où le danger est réel. Et celui-ci est le plus prestigieux de tous : il se déroule au château de Windsor.

Henry de Brodeston vient d'être mis en selle. Engoncé dans sa cotte de mailles renforcée d'une cuirasse de métal que ses serviteurs ont polie, il ressemble à une machine de guerre. Qui sait à quoi il peut songer à ce moment?

Henry pense au choc de la lance de l'adversaire qui se brise sur son poitrail, à ce que cela fait d'être désarçonné et de s'affaler à terre dans un bruit sourd, avec des blessures qui saignent. Mais le héraut sonne la trompe, l'appelant à entrer en lice. Il a droit à trois reprises contre son adversaire, trois chances de le mettre à bas. Des hommes d'armes montent la garde le long de la robuste barrière ◇1◇ qui délimite le champ. Les juges observent, prêts à interrompre l'affrontement.

Henry serre sa lance sous son bras. Dans un court instant, il va éperonner son destrier – un cheval spécialement entraîné pour la bataille – pour le lancer au grand galop. Il le fera dévier au dernier moment pour éviter le choc frontal, tout en maintenant la main et le bras contractés sur la lance pour ne faire qu'un avec elle, afin de porter le coup avec le plus de puissance possible. Il sent le dosseret de la selle sur lequel s'appuie sa cuirasse et la sueur qui coule dans son dos.

Finalement, c'est encore Édouard III qui a remporté la joute. Le voici qui revient, rougi par l'effort, vers sa belle, la reine Philippa. Cette dernière se tient dans une tribune ◇2◇ spécialement aménagée, accompagnée de ses dames de cour. Elle sait combien il tient à cœur à son époux de recréer la chevalerie d'antan, et la fameuse cour du roi Arthur, dont elle a lu l'histoire dans ses précieux livres.

La reine Philippa regarde le château en plein apparat. Les hérauts annoncent les défis, criant le nom et le rang de leur maître. Près des écuries ◇3◇, les palefreniers s'occupent des coûteux destriers à l'échine puissante, dont les maréchaux-ferrants entretiennent les fers. Les forgerons retouchent les armes ◇4◇, les bourreliers vérifient le harnachement des chevaux, effectuant les ultimes ajustements. Des ménestrels se réchauffent les mains devant les feux tandis que des mets appétissants mijotent en abondance dans les cuisines ◇5◇. Hors des murs du château, on a dressé des tentes pour accueillir la foule des serviteurs et des domestiques ◇6◇.

Comme tous les tournois organisés par Édouard, celui-ci a quelque chose de magique. Hier, le premier jour, il y a eu une grande procession. Les chevaliers ont défilé avec des coiffes et des masques peints, déguisés qui en dragon, qui en sauvage ou en démon, ou bien encore en éléphant, en lion ou en paon. Après quoi toutes les dames, parées de leurs plus belles robes, sont allées dîner ensemble dans la grande salle ◇7◇. Puis le roi, les seigneurs et les chevaliers, qui avaient soupé, quant à eux, dans les tentes et les pavillons ◇8◇, les ont rejointes pour la danse.

Édouard avait invité les femmes des notables de la ville à se joindre à eux. Les jours de tournoi, il y a foule à Windsor, et l'on ne dort pas beaucoup la nuit.

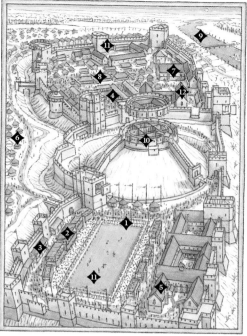

Windsor est la résidence favorite d'Édouard III. C'est là qu'il est né. Cet immense château, dont la construction avait été entreprise par Guillaume le Conquérant, s'élève sur une crête au bord de la Tamise ◇9. Il présente une tour ronde ◇10 sur une motte normande, deux vastes cours intérieures ◇11, et un grand parc plein de gibier pour la chasse.

Édouard sait parfaitement qu'organiser ici le tournoi royal ne peut que servir son pouvoir et son prestige. C'est un roi jeune, combatif et ambitieux. Chacun admire ses qualités, son habileté au combat. Le règne de son père Édouard II s'était achevé par un désastre ; mais son grand-père était le grand roi Édouard Ier, et il veut restaurer la gloire passée de l'Angleterre. Les tournois sont d'excellents entraînements à la guerre. Les joutes permettent d'éprouver l'adresse individuelle des chevaliers au combat, et les épreuves par équipe leur capacité à se battre ensemble. Même les jeunes écuyers auront leurs chances de prouver leur valeur dans les joutes du dernier jour. Mais ce que chacun attend, c'est la dangereuse épreuve de la mêlée, où deux groupes de chevaliers s'affrontent dans un espace limité, avec des récompenses à la clé et la possibilité de capturer des chevaux.

Le quatrième jour, le roi fait une annonce mystérieuse : personne n'a le droit de quitter le château sans autorisation et demain, chacun devra se parer de ses plus beaux atours.

Le lendemain, à l'heure dite, Édouard apparaît en grande tenue royale, coiffé de sa couronne. Accompagné de la reine Philippa, du prince de Galles et des nobles,

il se rend en procession à la chapelle du château ◇12. Après l'office religieux, le roi fait le serment solennel

de fonder une Table ronde, comme jadis l'avait fait le roi Arthur, à laquelle prendront place trois cents chevaliers. Les comtes, les barons et les chevaliers jurent alors de soutenir leur roi. Puis chacun est convié à un somptueux festin.

Mais bientôt, la guerre éclate en France et le roi Édouard doit mener son armée à la bataille. Lorsqu'il revient en Angleterre, ses projets de Table ronde ont changé. Il va fonder un nouvel ordre de chevalerie, l'ordre de la Jarretière. Les chevaliers de la Jarretière seront divisés en deux petits groupes, comme les équipes de tournois, l'un conduit par le roi en personne, l'autre par le jeune prince Édouard, désormais appelé le Prince Noir. La plupart des chevaliers de la Jarretière sont jeunes et se sont illustrés à la célèbre bataille de Crécy. Lors des cérémonies de l'Ordre, ils devront porter au-dessus du genou une jarretière bleue sur laquelle seront brodés ces mots : « Honni soit qui mal y pense ». Cette devise est restée celle de l'actuel Royaume-Uni.

Les chevaliers de la Jarretière auront besoin de lieux illustres pour tenir leurs fêtes, leurs rencontres et pour

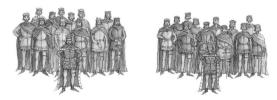

prier. Le roi Édouard veut pour eux une grande résidence royale, un grand palais fortifié comme il sied à un véritable roi guerrier. Il va alors commencer à réaménager le château de Windsor pour en faire le palais de ses rêves.

Château de Bodiam

25 mai 1392

La guerre en France a fait de sir Edward Dallingridge un homme riche. En compagnie de sa femme, lady Elizabeth, il s'est fait construire un beau château dans la campagne anglaise. Aujourd'hui, c'est l'ouverture de la foire à Bodiam.

Sir Edward quitte lentement son lit. Ses vieilles blessures lui font mal, surtout au petit matin. Son château, il l'a voulu pratique et doté des plus récents progrès en matière de confort : il dispose de latrines juste à côté de sa chambre, ➡

et il y en a vingt-huit en tout dans la forteresse, qui se déversent par des conduits au plus profond des douves. Un puits ◇ a été creusé juste à côté des cuisines pour fournir de l'eau fraîche. Trente-huit cheminées chauffent le château qui possède, en outre, de bonnes défenses. Il y a douze ans, sir Edward a été gravement blessé lors d'une attaque française dans un port des environs. Cette fois, ces chiens de Français ne remonteront pas la rivière pour venir l'attaquer jusqu'ici !

Sir Edward regarde par la fenêtre en mangeant un morceau de pain trempé dans du vin : son petit déjeuner favori. Les moutons paissent paisiblement dans les marais, parmi les fleurs sauvages. Dans les douves, les carpes attrapent les mouches de mai à la surface. Comme il l'avait ordonné, Seth, le vidangeur est dans une barque en train de déboucher les latrines ; les domestiques s'en servent de poubelles et les déchets qu'ils y jettent finissent par obstruer les conduits. Aujourd'hui, c'est l'ouverture de la grande foire de Bodiam et le soleil brille. Bon ! Il va y avoir foule et les affaires vont aller bon train.

Lady Elizabeth est déjà dans le cellier ◇ en train de donner des ordres au maître de l'hôtel. Le château est plein d'invités. Ce soir, on donne un festin dans la Grande Salle ◇ avec des jongleurs et des acrobates pour amuser l'assistance. Les serviteurs devront veiller aux voleurs. La première dame du château ne peut tout de même pas être partout à la fois !

Dans les cuisines ◇, rien ne va. Il y a trop à faire. Les invités d'honneur, les Abbott, veulent manger un cygne gras et il n'a pas encore été livré. Sim,

le marmiton, qui tourne la broche pleine de volailles en train de rôtir, vient de se brûler la main et crie de douleur. Roger, le pâtissier, a une plaie à la jambe qui le gêne, et il doit encore faire cuire cinq pâtés d'anguille, cinq autres de venaison et dix pâtés de pigeon. Peter, le volailler, a mal à la tête et mélange sans entrain les morceaux de poulet émincés avec de la crème, du riz et des amandes. Joan, la laitière, vient de laisser tomber une cruche jaune et jette les morceaux dans les douves. Quant à la nouvelle fille de cuisine, celle qui est si timide que personne ne connaît encore son nom, elle est dans le colombier ◇ en haut de la tour, mais elle a bien du mal à récolter des œufs avec les oiseaux qui tournoient autour d'elle et piquent sur sa tête.

Herbert, un des jeunes pages, vient de traverser le corps de garde ◇ en courant, une nourrice à ses trousses. Il lui a chipé sa précieuse médaille de pèlerin, qu'elle a obtenue en se rendant en pèlerinage à Canterbury. Herbert laisse pendre l'objet par-dessus le parapet du pont-levis. À ce moment, un gros veilleur qui passe le bouscule en lui marchant sur le pied et le gamin lâche la médaille qui disparaît dans l'eau sombre. Herbert aime bien taquiner les gens, et il choisit toujours pour cela le moment où tout le monde déborde de travail. Mais il ne voulait pas laisser tomber la médaille de la nourrice ; c'était juste pour la narguer. Maintenant, il aura droit à des coups de bâton et il sera enfermé. Pour lui, il n'y aura pas de fête ; ça lui apprendra !

En bas, sur le port ◇, les marchands comptent les caisses et les ballots empilés sur le quai. Les bateaux remontent la rivière jusqu'ici depuis la mer, chargés de marchandises : couteaux allemands, assiettes et marmites d'étain, aiguilles, clous, gants et seaux de cuir, rubans

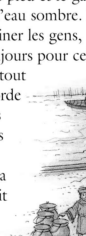

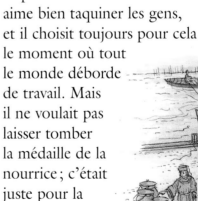

de soie et épices, haches de bûcheron, etc. Des chariots tirés par des chevaux de trait remontent la route poussiéreuse pour déposer leurs charges à la foire, devant l'ancien manoir. Les marchandises sont disposées sur des tréteaux. Déjà, des gens viennent voir, essayent et achètent des articles.

Trois cavaliers traversent le champ de foire et s'engagent dans un chemin entre deux rangs de vigne. Le château de Bodiam se dresse devant eux, dans toute la puissance de ses fortifications, entouré par ses larges douves bordées par des étangs et la rivière. D'un côté, il y a les champs, le village avec ses maisons, un moulin à eau ◇8◇ et le port. De l'autre, ce sont les marais qui s'étendent vers la mer dans le lointain.

L'homme de tête est un chevalier de retour de la guerre. Son surcot rembourré est taché par la rouille de sa cotte de mailles. Une longue cicatrice lui barre le visage depuis le front jusqu'à la joue. Un écuyer, son fils, vient derrière lui. Sa jeune barbe, taillée court et en fourche, est très à la mode et il porte l'un de ces pourpoints à larges manches qui sont du dernier chic. Le troisième, leur serviteur, a le visage buriné par le vent et le soleil. Il porte un arc et, à sa ceinture pendent une épée et un poignard. Des flèches, à l'empennage bien lisse et prêtes à servir, y sont également glissées. Les trois cavaliers franchissent d'un galop la distance qui les sépare des douves mais s'engagent prudemment sur le pont de bois ◇9◇. Sir Edward les observe avec attention depuis le chemin de ronde. Parvenus sur la redoute octogonale ◇10◇, il empruntent résolument le petit pont qui conduit à la barbacane ◇11◇, qu'ils franchissent. Il leur reste un dernier pont à franchir avant d'arriver à la porte. À chaque fois, ils sont contrôlés. Enfin, ils parviennent dans la cour et c'est avec un cri de joie que sir Edward accourt vers eux. Il n'a pas revu son vieil ami, sir Robert Villars, depuis la guerre

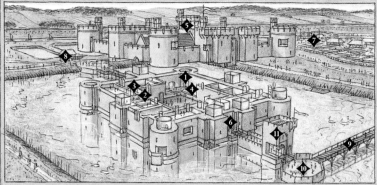

qu'ils ont faite ensemble, en France, il y a vingt-cinq ans. Lady Elizabeth accueille chaleureusement ces nouveaux venus, tandis que sa nièce Alice regarde timidement l'élégant jeune écuyer.

Lady Elizabeth soupire. Maintenant, c'est certain, elle ne pourra plus faire entendre raison à son mari. C'est qu'elle le connaît bien : quand ils se sont mariés, elle avait seize ans, et lui dix-sept ! Ça va encore être d'incessantes histoires de soldats, de combats et de coups de force, de tournois et de blessures, des histoires du vieux roi Édouard III et de son fils, le Prince Noir, tous deux morts aujourd'hui, que Dieu les ait en sa sainte garde ! Maintenant, il va falloir modifier les places à table ; chaque convive doit être installé selon son rang.

Mais tandis qu'elle se dirige vers la Grande Salle, deux cavaliers font irruption dans la cour : un homme au regard tranquille habillé d'un long manteau gris poussiéreux, accompagné d'un homme en armes. Cela fait trois jours qu'ils sont à cheval ; ils sont porteurs de lettres importantes de la part du roi Richard II pour sir Edward Dallingridge.

Ce dernier est requis au plus vite par Sa Majesté à la Tour de Londres. Il devra quitter Bodiam demain matin aux aurores ; les affaires du royaume passent avant toute chose. Mais pour l'heure, c'est la fête. Et il y aura encore deux convives de plus : les messagers ont bien mérité un peu de réconfort !

Château Saint-Ange

———✦———

6 mai 1527

Tôt ce matin, les mercenaires allemands de Charles Quint ont franchi l'enceinte de Rome. N'ayant pas été payés, ils ont décidé de se venger en puisant dans les immenses richesses de l'Église catholique.

Dans les rues de Rome, c'est l'affolement. Le peuple en proie à la panique cherche à fuir devant les mercenaires qui avancent. Benvenuto ne sait que trop bien ce qui se passe. Aux premières lueurs

de la matinée, il s'est rendu sur les murs de la ville et a vu de ses yeux la multitude des assaillants qui se massaient. Il a vu leurs échelles d'assaut, ➡️

les corps sans vie des hommes qui se tenaient en défense sur les remparts. Il a entendu les cris, le tonnerre des coups de feu.

Depuis minuit, la grosse cloche du Capitole sonne l'alerte, appelant les soldats romains à leurs postes de combat. La terreur s'est répandue comme une traînée de poudre dans les petites rues étroites de l'antique cité, dans les hôtels des pèlerins, dans les couvents, dans les échoppes et les palais.

Benvenuto est jeune et fort. Il se fraye un passage à travers la foule en direction du château Saint-Ange. L'ancienne forteresse domine de sa masse brun sombre les berges du Tibre. Peu de gens en connaissent tous les mystères. Quatorze siècles plus tôt, l'empereur Hadrien avait fait construire à son emplacement un grand mausolée circulaire pour abriter sa dépouille après sa mort. Le monument de l'empereur romain est toujours sur pied, constituant le cœur même de la forteresse. Mais il est aujourd'hui truffé de passages secrets ◇1◇, d'escaliers dérobés. C'est devenu un palais, refuge du pape. Pour ce dernier, on a construit, au sommet, des appartements ◇2◇ avec de belles pièces de réception et une petite salle de bains richement décorée. La forteresse abrite aussi des prisons avec leurs sinistres cachots.

Lorsque Benvenuto arrive aux abords du château, on est en train de remonter le pont-levis ◇3◇. De justesse, il parvient à passer. Ceux qui le suivaient sont poussés par la foule désespérée et tombent dans les fossés.

Un officier l'attrape : « Aux remparts ! Aux canons ! » Sur les remparts ◇4◇, c'est la confusion. Le maître artilleur est en pleurs : de là où il se trouve, il voit sa maison que les ennemis sont en train de piller, sa femme et ses enfants massacrés. Le long de la berge du fleuve ◇5◇, des familles jettent leurs biens à

la hâte dans des bateaux. Benvenuto se précipite, saisit une mèche pour enflammer la charge d'un canon pointé vers l'ennemi... et tire.

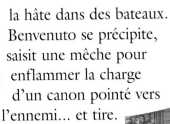

Le pape Clément VII et certains de ses cardinaux, qui se trouvaient au palais du Vatican, se sont quant à eux engagés en toute hâte dans le souterrain ◇6◇ pour rejoindre le château Saint-Ange. Au-dessus d'eux, dans les rues, la bataille fait rage. Au-dehors, on tente de mettre à l'abri les cardinaux qui étaient restés à l'extérieur. L'un d'eux est hissé vers la forteresse dans un panier ◇7◇, un autre, en haut d'une échelle, est poussé à l'intérieur par une fenêtre ◇8◇. Trois autres encore parviennent tant bien que mal à escalader les murs.

Tout autour, les troupes ennemies ◇9◇ de l'empereur Charles Quint commencent à creuser des tranchées pour installer le siège. Le château est maintenant coupé de la ville et la situation est désespérée : il n'y a pas assez de nourriture ni d'eau pour les 950 civils et soldats qui se sont entassés dans la forteresse.

Benvenuto, Cellini de son nom, était avant l'attaque de Rome un orfèvre réputé, qui fabriquait des bijoux magnifiques pour de riches clients. Le voilà maintenant à la tête de cinq canons dont on lui a confié le commandement, au sommet du donjon, juste sous la statue de l'ange ◇10◇. Heureusement, il est doté d'un caractère bien trempé. Il n'hésite jamais à dire ce qu'il pense et, quand il le faut, c'est un farouche combattant. À 27 ans, il est fier de son savoir-faire dans l'art de manier le canon. Tous les jours, des soldats ennemis tombent sous ses tirs.

Mais la lutte est par trop inégale. La grande cité romaine est mise à sac par des mercenaires déchaînés qui saccagent, pillent et tuent à tout va. L'odeur de la poudre et des incendies emplit l'air, se mêlant à la puanteur des égouts éventrés et des cadavres en décomposition. Bientôt la famine et la peste s'abattront sur la ville.

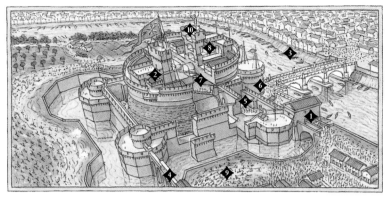

Au bout de quelques jours, Benvenuto est convoqué dans une petite pièce où se tient le pape en compagnie d'un serviteur de confiance. On y a aussi entassé les richesses de l'Église. Le souverain pontife a besoin d'or pour négocier avec l'ennemi. On ordonne à Benvenuto de dessertir les pierres précieuses de leur châsse et d'en faire fondre l'or en secret. Précautionneusement, il ôte les diamants et les émeraudes, les saphirs, les rubis et les perles, enveloppant chaque pièce dans un morceau de papier qu'il coud ensuite dans la doublure des habits du pape et de son serviteur. Puis il se rend à son logement au sommet du donjon et là, commence à construire un petit four. Il profite de chaque instant libre que lui laisse sa tâche, tandis que l'or fond dans le four, pour aller faire feu contre l'assaillant, courant sans cesse de la chaleur du foyer au vacarme de ses canons et à l'odeur de la poudre.

Mais bientôt, le château Saint-Ange capitule, et Benvenuto quitte les lieux avec la garnison.

Dix ans plus tard, le voilà de retour dans la forteresse, mais cette fois contre son gré. Le nouveau pape, qui le retient prisonnier, l'accuse d'avoir volé une partie des bijoux durant la mise à sac de Rome. Le pape Clément VII, qui aurait pu témoigner de son innocence, est mort, maintenant.

Mais Benvenuto n'est pas décidé à se laisser ainsi enfermer. Patiemment, il retire un à un les clous qui maintiennent les charnières de la porte de sa cellule. Afin de ne pas attirer l'attention des gardes, il les remplace par de fausses têtes de clous fabriquées avec de la cire mélangée à de la rouille. Une nuit, enfin, il parvient à ouvrir la porte. Par une fenêtre du donjon, il jette une corde faite de bandes de drap de lin qu'il avait découpées pour les nouer bout à bout, et se laisse glisser jusqu'en bas. Il réussit à passer le second mur en escaladant un poteau et en redescendant de l'autre côté avec une autre corde de drap de lin. Puis, fatigué, les mains en sang, il utilise sa dernière corde pour franchir le dernier mur. Malheureusement, alors qu'il

est presque en bas, il lâche prise et tombe, se blessant à la tête et se cassant une jambe. Le fuyard se fait un bandage du mieux qu'il peut et se dirige en rampant vers les portes de la ville. Mais la malchance s'acharne sur lui : il est attaqué par des chiens. Il sera sauvé de leurs crocs par un cardinal qui fera appeler un docteur pour le soigner. C'est du moins ainsi que Benvenuto Cellini a raconté son histoire dans ses Mémoires.

L'homme s'en tire bien mais il est retombé aux mains de ses geôliers. Le pape le fait à nouveau enfermer au château Saint-Ange, mais cette fois au secret d'un cachot ténébreux, infesté de vers et d'araignées. L'humidité du sol a vite fait de pourrir sa paillasse. Malade et affaibli, Benvenuto commence à croire qu'il ne recouvrera jamais la liberté. Il rêve de sentir encore une fois la chaleur du soleil ; juste une fois, avant de mourir. Heureusement pour lui, c'est un immense artiste dont la réputation a franchi les frontières. Le roi de France François Ier s'est mis en tête de faire de lui son joaillier. C'est grâce à ce dernier qu'il sera finalement libéré du château Saint-Ange. Par la suite, Benvenuto Cellini, qui séjournera en France de 1540 à 1545, s'illustrera par ses talents de sculpteur. On lui doit quelques-unes des plus belles œuvres de la Renaissance.

Tour de Londres

— ❧ —

29 mai 1533

Le roi Henry VIII d'Angleterre attend avec impatience sa nouvelle épouse, Anne Boleyn, à la Tour de Londres. Elle vient l'y rejoindre en remontant la Tamise dans une grande procession à l'occasion de son couronnement.

Les maraudeurs se sont mêlés à la foule, prêts à faire main basse sur les bourses et les goussets des badauds trop occupés à scruter le fleuve vers l'aval. Les marchands chassent les mouches qui tournoient autour de leurs étalages chargés de gâteaux sucrés. Les gamins, que cette longue attente ennuie, se chamaillent.

Soudain, la procession apparaît, progressant rapidement avec la marée : une cinquantaine de barges tendues de soie, de tapisseries et pavoisées de bannières colorées. ➡

À la Tour de Londres, on tire au canon et, depuis les bateaux amarrés de chaque côté du fleuve, claquent des coups d'arquebuses en guise de salves d'honneur. Les musiciens jouent, la foule acclame. Voici la barge dorée du lord-maire ◇1, propulsée par des rameurs qui portent ses couleurs. Et voici celle des écuyers ◇2, ces futurs chevaliers, ornée de tentures de soie dorée, pourpre et cramoisie, et de drapeaux bordés de clochettes qui tintent au vent.

Leur embarcation se distingue par les rangées de boucliers vivement colorés qui s'alignent sur les deux bords.

Elle porte aussi des bannières de métal martelé scintillant dans le soleil de l'après-midi.

Une nef équipée de canons apparaît avec, à son bord, un dragon entouré de sauvages et de monstres hurlants. Sa queue s'agite et du feu sort de sa gueule. La foule en a le souffle coupé. Une seconde nef est ornée d'un faucon blanc portant une couronne et ces mots inscrits en lettres d'or : « La plus heureuse des femmes ». Et la voici enfin, la plus heureuse des femmes – la reine – tout d'or vêtue.

Sa nef ayant accosté, Anne en descend et se dirige vers Henry VIII qui l'attend – gros, fier, sûr de lui – près de la porte principale de la Tour ◇3. Le roi baise la main de sa nouvelle reine. C'est une magnifique célébration qu'il lui offre là. Comme il se doit, elle commence à la Tour de Londres, point de passage obligé de tous les monarques anglais en prélude à leur couronnement.

Henry et Anne pénètrent dans la forteresse, se dirigeant vers les appartements royaux refaits à neuf ◇4. Ce soir-là, un banquet se tient dans la Grande Salle ◇5. Toute la nuit, la musique et des feux d'artifice résonnent sur les bords du fleuve, ponctués de tirs de salves d'honneur depuis la Tour. Dans la ménagerie royale ◇6, les lions dans leurs cages, affolés par ce vacarme, rugissent lugubrement.

La Tour domine Londres depuis cinq siècles. Elle n'a cessé de s'étendre à partir du vieux château normand de Guillaume le Conquérant ◇7. Aujourd'hui, avec ses hauts murs gris et ses robustes portes, ses larges douves et l'entrelacs des constructions qui la cernent, elle est le symbole du pouvoir et de la splendeur des monarques anglais. Les armoiries de la nation d'Angleterre y sont conservées, ainsi que le trésor et les archives royales. Ici, des rois ont subi des sièges, ont été déposés et faits prisonniers. Les détenus y pénètrent toujours avec crainte et désespoir.

Le samedi 31 mai, Anne quitte la Tour ◇8 et entame une procession à travers Londres en direction de l'abbaye de Westminster où elle sera couronnée. On a répandu du gravier dans les rues pour empêcher les chevaux de glisser. Des rangées de gardes en tenue de velours et de soie, armés de grands bâtons, bordent les rues pour contenir les badauds. Anne est habillée d'argent. Elle se tient, fièrement assise, sur une litière de tissu d'or tirée par deux palefrois couverts de manteaux blancs damasquinés. Quatre chevaliers tiennent un dais d'or au-dessus de sa tête. Les rues ont été tendues de tentures de soie et de tapisseries et pavoisées de bannières portant les lettres HA, les initiales de Henry et Anne. « Ha ! Ha ! » scande la foule des moqueurs. De nombreux Londoniens, en effet, n'aiment pas Anne. Mais Anne est une femme d'esprit et de caractère. Elle a beaucoup de classe et sourit, admirant toutes les parades et les arcs de triomphe dressés sur sa route.

Six années durant, Henry l'a courtisée. Mois après mois, elle a résisté aux avances de ce puissant monarque, habitué à obtenir rapidement ce qu'il veut. Henry, en effet, s'est lassé de sa précédente épouse, la reine Catherine d'Aragon. De ses cinq grossesses, seul un enfant a survécu : une fille. Et maintenant, elle ne peut plus en avoir. Henry, lui, voulait un garçon ; un héritier pour le trône. Aujourd'hui, il est passionnément amoureux de sa chère Anne. Mais à Rome, le pape Clément VII lui a refusé la permission d'annuler son mariage avec Catherine.

Passant outre à l'interdiction papale, Henry a répudié Catherine et s'est déjà secrètement remarié avec Anne au mois de janvier 1533. D'ailleurs Anne est déjà enceinte ; astrologues, mages et docteurs prédisent tous que ce sera un garçon.

Henry est impatient de voir naître son fils. Au début du mois de septembre suivant, la reine Anne donne naissance à un beau bébé. Mais c'est une fille, que l'on appellera Elizabeth.

La petite Elizabeth a tout juste deux ans lorsque sa mère retourne à la Tour de Londres. Mais cette fois, la barge qui l'y amène n'est accompagnée d'aucune cérémonie. « Serai-je jetée au cachot ? » demande-t-elle au gouverneur de la Tour. « Non, Madame, vous serez installée dans l'appartement que vous occupiez le jour de votre couronnement », répond-il. Anne se met à genoux et pleure. Des charges terribles ont été requises contre elle, ainsi que contre son frère et d'autres hommes de la cour. Ils sont interrogés dans la Grande Salle. Anne nie tout, mais elle est

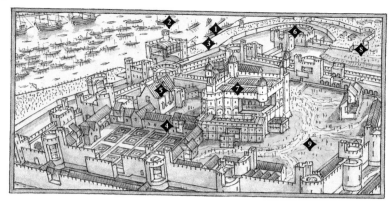

reconnue coupable de haute trahison et condamnée à mort, comme le roi le voulait. Car Henry, aujourd'hui, la déteste. Il est déjà amoureux d'une autre et projette de se remarier. De toute façon, après deux autres grossesses, Anne n'a pas réussi à lui donner un fils.

Pas un instant elle n'est laissée seule dans ses appartements. Des gens écoutent à sa porte, rapportent tout ce qu'elle dit. Son frère et les autres accusés sont exécutés et l'échafaud est construit pour elle dans la cour nord de la Tour ◇. La nuit avant sa mort, Anne se plaint du bruit des marteaux qui frappent.

Le matin du 19 mai 1536, Anne, vêtue de gris, est conduite à l'échafaud. Les vingt témoins qui assistent à son exécution écoutent ses dernières paroles. Puis elle ôte sa fraise blanche et sa coiffe brodée de perles et s'agenouille. On a fait venir de France, spécialement pour elle, un bourreau expert ; on ne décapite pas une reine à la hache mais à l'épée et personne ne sait faire ça ici car elle est la première souveraine d'Angleterre à être décapitée.

Un seul coup a suffi. Dans la cour de la Tour de Londres, sa tête roule au sol, dans les lieux mêmes où, il y a trois ans presque jour pour jour, elle avait commencé sa vie de reine.

34

Château de Chambord

—❧—

18 décembre 1539

François 1er, roi de France, reçoit son invité, l'empereur Charles Quint, dans son somptueux relais de chasse de Chambord. La chasse du jour vient juste de prendre fin.

Les chiens de Guy tirent sur leur laisse. Briff,
son préféré, lève une patte blessée en geignant.
Les chasseurs, vêtus de gris, passent au galop.
Des palefreniers accourent, des ordres sont lancés.
Courtisans et courtisanes, sur la terrasse, au sommet
du château, sont venus assister au retour des chasseurs.

Guy se dit qu'aujourd'hui était le plus beau jour de
sa vie. Il est sorti dans le petit matin glacial et il est resté
dehors toute la journée, à chasser parmi les futaies,
les marais et les étangs de la forêt royale ◇. Le jeune
homme ne vit que pour la chasse. Il aime le grand air
et l'effort, le son des cors à travers les bois. ➡

La chasse, il l'a apprise depuis l'âge de sept ans, alors qu'il était apprenti auprès d'un maître veneur. Aujourd'hui, à vingt ans, devenu lui même un vrai veneur, il possède trois chevaux et sa meute de chiens courants.

Le grand château de Chambord, avec ses cheminées et ses tourelles de conte de fées, semble flotter dans l'air froid sur l'eau des douves ◇.

Une atmosphère presque irréelle l'enveloppe, comme dans un rêve.

Pourtant, plusieurs milliers de personnes sont ici.

Tous ces gens sont arrivés soudainement en ce lieu perdu au milieu de la forêt. Bon nombre font partie de la suite de l'empereur Charles Quint, que le roi François 1er a invité et reçoit avec sa cour et tout le faste qu'il lui est possible de déployer. C'est la première visite de l'empereur en France ; il la traverse pour se rendre d'Espagne aux Pays-Bas. Et comme dans toutes les cours, on parle beaucoup, on intrigue ; une âpre compétition se joue en permanence pour attirer l'attention, toujours dans l'attente des faveurs du monarque.

Plusieurs années auparavant, en 1525, au terme de la bataille de Pavie, le roi François 1er a été capturé et retenu prisonnier en Espagne par Charles Quint : la pire des humiliations qu'il ait connue. En fait, ces deux-là sont des rivaux de toujours et se font régulièrement la guerre. Mais aujourd'hui, les voilà réunis à Chambord comme de vieux amis !

Mais Guy a entendu ce que les gens racontent : l'empereur est nerveux et inquiet. Deux nuits plus tôt, dans le château d'Amboise où il avait fait halte, il a failli étouffer dans un incendie et être piétiné dans la panique qui s'en était suivie, après qu'un page eut laissé tomber une torche enflammée sur une tapisserie qui s'était immédiatement embrasée. Personne ne souhaite qu'un accident de ce genre se produise ici, à Chambord.

Pour Guy, les choses de la cour ressemblent fort à une coûteuse mascarade. Ce n'est pas comme aujourd'hui, dans la forêt. C'était bien réel lorsque lui fut donné l'honneur de montrer à l'empereur l'endroit où un cerf majestueux s'était rembuché dans les taillis ; l'animal avait laissé des traces de son passage en brisant des branchettes. Aujourd'hui, il a pu observer aussi le faucon du roi donner la chasse à une crécerelle, les deux oiseaux tournoyant, virant et tombant dans le ciel pâle. Et puis il y a eu cet énorme sanglier tué près de sa souille. C'était presque trop réel lorsque le vaillant animal avait chargé l'un des chevaux. Il l'aurait éventré de ses défenses si le comte Gaston ne l'avait arrêté juste à temps d'un jet de lance bien placé.

Guy donne ses ordres aux palefreniers qui soignent les chevaux, aux valets de chiens, et doit veiller à ce que tout soit fait. Cette nuit, la meute aura besoin d'un bon feu dans le chenil ; il fait si froid ! Et il va falloir nettoyer la blessure de Briff, qui continue de se plaindre, avec du suif de mouton bouilli dans du vin. Après, il pourra aller boire un coup avec le maître veneur, prendre son dîner et dérouler sa paillasse pour un sommeil bien gagné.

Habituellement, hiver après hiver, été après été, le grand château de Chambord reste silencieux et désert. Les centaines de pièces demeurent fermées et vides, les murs froids, les sols nus et les feux éteints. Personne n'emprunte le fameux grand escalier à double révolution ◇. Personne ne vient se promener dans le « village », sur la terrasse, parmi les cheminées ◇4◇ de pierre sculptée.

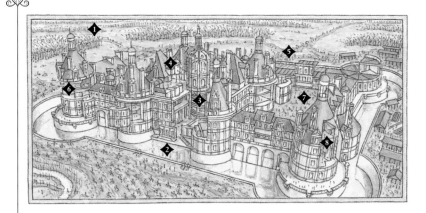

Et il suffit qu'une année, soudain, François décide de s'y arrêter pour que, subitement, le château se mette à bourdonner d'une intense activité. Des milliers de serviteurs précèdent le roi. Des centaines de chariots ◇5◇, chargés de meubles, traversent bois et champs pour arriver ici. Tout ce dont le souverain a besoin le suit dans ses déplacements à travers le royaume. Les meilleurs lits sont montés dans les chambres ◇6◇, des tables sur tréteaux sont installées dans les salles, des chandeliers suspendus aux crochets, des poêles et des casseroles accrochées dans les cuisines.

Il faut aller se procurer, dans les villages et les villes des alentours, d'énormes quantités de nourriture, des tonneaux de vin et de bière, des granges entières de fourrage pour les chevaux ◇7◇ et de gros tas de bois pour alimenter les feux dans les cheminées.

Là où va le roi, la cour le suit. Les pièces sont envahies par les courtisans et les nobles, les docteurs, les artistes. Des foules de personnages officiels assurent les tâches administratives, des évêques et des notaires gravitent autour d'eux, des militaires, officiers de haut rang, se pavanent. Et partout on peut voir ce qui fait le plaisir du roi : de jolies femmes.

En ce mois de décembre, à Chambord, le roi a décidé d'éblouir l'empereur. Les murs de pierre du château ont disparu derrière de resplendissantes tentures ◇8◇ de velours brodé. Des tissus d'or et d'argent drapent les plafonds. Pour Charles Quint, qui aime le noir, on a préparé une chambre damassée de noir et une seconde garnie de taffetas noir semé d'or, et la plomberie a été dorée à l'or fin. Les bougies brûlent dans des chandeliers d'or et d'argent. Des assiettes en or remplissent les placards. Des dais et des baldaquins de soie et de satin brodés sont tendus au-dessus des sièges et des lits. Les pièces, toutes plus belles les unes que les autres, ressemblent à autant d'écrins.

François 1er est un homme de haute stature aux cheveux foncés, élégant et d'allure royale. Il est fier de ses jambes minces. Ce soir, il est habillé à la dernière mode, dans un pourpoint à crevés laissant apparaître une chemise de soie. Il aime l'exercice physique, la chasse, le combat et la danse. Il s'entoure d'artistes, de livres, et apprécie les belles conversations. Malheureusement, il ne se sentait pas très en forme ces derniers jours, mais il doit faire face à ses obligations. Ce soir, on donne une grande fête et la chasse à courre en compagnie de son illustre invité l'a occupé toute la journée. Tout cela fait partie de l'apparat. Les empereurs et les rois cherchent toujours à étaler leurs richesses afin de renforcer leur prestige.

François est devenu roi à l'âge de vingt ans, et depuis, il n'a cessé d'être en lutte avec ses deux plus grands rivaux, le roi d'Angleterre Henry VIII et l'empereur Charles Quint. La visite de ce dernier lui offre l'occasion de montrer combien il est puissant et riche, quel redoutable chasseur, quel amoureux des jolies femmes et amateur des belles choses il est.

Le magnifique château de Chambord, qu'il a fait construire pour en faire son relais de chasse dans la forêt, en est la preuve.

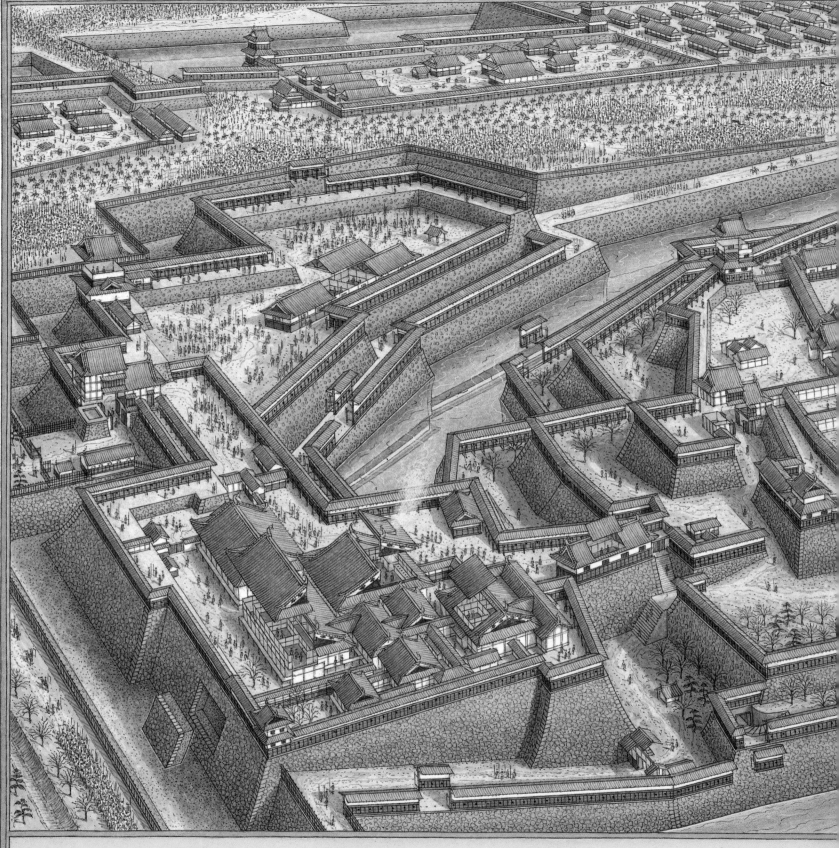

Forteresse d'Osaka

— ❧ —

30 novembre 1614

Dans la forteresse d'Osaka, on se prépare au combat. Deux puissantes familles, les Toyotomi et les Tokugawa, sont en conflit. Bientôt vont s'engager les batailles décisives.

Un fier cavalier rejoint la grande citadelle qui domine Osaka, à la tête d'une centaine de mercenaires. Cette troupe vient se battre aux côtés du jeune seigneur Hideyori, chef de la maison des Toyotomi. Tous les jours, depuis un certain temps, des combattants rejoignent ainsi la forteresse, venant de toutes les régions du Japon. Les seigneurs pour lesquels ils guerroyaient ont été vaincus. Sans ressources, n'ayant plus rien à perdre, ils ont décidé de se rallier au seigneur Hideyori. ➤

La forteresse d'Osaka est capable de soutenir un long siège. Ses magasins ◇1◇ sont pleins de riz et de sel. Les coffres-forts ◇2◇ du donjon sont remplis de pièces d'or. Les râteliers sont garnis de rangées de mousquets. Il y a de la poudre à canon et des mèches, des lances, des arcs et des flèches en quantité.

La forteresse est d'une puissance, d'une beauté et d'une renommée extrêmes. Immense, elle est défendue par une triple ceinture de douves ◇3◇ ◇4◇, larges et profondes. Ses massifs remparts de pierre ◇5◇ s'élèvent à plus de 35 mètres de hauteur. On y trouve des casernements ◇6◇ pour loger les soldats, et des réserves pour la nourriture et les armes. Des jardins tranquilles ◇7◇ agrémentent un élégant palais ◇8◇, dont les murs des salles de réception ◇9◇ sont garnis d'or et d'argent martelés, et de magnifiques peintures. Un imposant donjon de huit étages ◇10◇, orné d'or scintillant, s'élève à côté du palais.

La forteresse est semée de pièges et d'embûches destinés à ralentir la progression de l'ennemi. Elle ne comporte que deux entrées. L'une se trouve derrière un pont de bois ◇11◇, facile à démanteler, qui franchit les douves. L'autre est une petite porte ◇12◇ bien protégée. Une fois à l'intérieur, on se trouve au milieu d'un véritable labyrinthe. Les attaquants qui s'y engagent ont autant de difficultés à parvenir au cœur des fortifications qu'à en ressortir. Ce ne sont que culs-de-sac, passages sinueux longeant des murailles incurvées ou aux angles aigus, pièces aux plafonds bas, escaliers étroits dominés, de part et d'autre, par des parapets derrière lesquels les défenseurs s'embusquent pour prendre l'attaquant en tenailles. Il y a des meurtrières d'où l'on peut tirer au mousquet ou à l'arc, des corridors pour protéger les tireurs, des trous d'où l'on peut jeter des pierres, des tours de guet et des passages secrets pour s'échapper ◇13◇.

Cette fabuleuse citadelle a été construite par le père d'Hideyori, Toyotomi Hideyoshi, le grand guerrier. Ce dernier était parvenu à unifier sous son autorité un Japon qui était alors déchiré par des générations de luttes sanglantes entre seigneurs de la guerre. Fils d'un humble fantassin, il était, au terme de sa vie, à la tête d'une armée d'un quart de million d'hommes.

Hideyori n'était encore qu'un petit garçon lorsque Hideyoshi mourut. Cinq hommes de confiance avaient juré à Hideyoshi sur son lit de mort de protéger son fils et les intérêts de la maison Toyotomi jusqu'à ce que le jeune homme soit en âge de régner. Leur chef, Tokugawa Ieyasu, n'était autre que le commandant en second d'Hideyoshi. Mais celui-ci, trahissant sa promesse, profita de l'occasion pour s'emparer du pouvoir.

Hideyori est né dans la forteresse d'Osaka. C'est là qu'il a grandi, en sécurité, aux côtés de sa mère. Aujourd'hui âgé de vingt-deux ans, il constitue une menace pour la suprématie d'Ieyasu que ce dernier ne peut tolérer. Alors il a décidé de lancer son armée contre Hideyori et ceux qui, dans la forteresse d'Osaka, soutiennent les Toyotomi. Ce sera une lutte sans merci entre les deux familles.

Ieyasu attaque la forteresse en décembre 1614. Sa grande armée est bien équipée. Elle possède des mousquets en grand nombre et cinq canons achetés à des marchands anglais. En compagnie de ses fils, vêtus de splendides armures et montés sur de bons chevaux, Ieyasu est là, entouré de sa garde. Derrière eux, des samouraïs s'alignent en formations sous de hautes bannières où sont inscrits les noms de leurs seigneurs.

Mais les remarquables lignes de défense de la forteresse sont infranchissables. Alors Ieyasu cherche à négocier une trêve. La mère d'Hideyori est prête à l'accepter mais, pour bien montrer sa puissance, Ieyasu fait pointer ses canons vers les appartements de cette dernière et parvient à les détruire. Finalement, la paix est acceptée et ses termes inscrits dans un document signé très solennellement par un « cachet de sang » : une goutte de sang du doigt d'Ieyasu, qu'il appose sous sa signature.

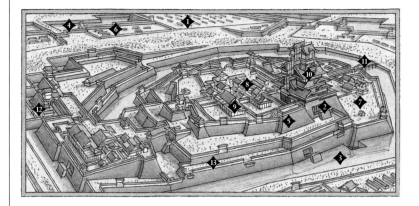

Ieyasu a suggéré qu'en signe de bonne foi, les douves externes de la forteresse soient comblées, celles-ci n'étant plus nécessaires, maintenant que la guerre n'a plus cours. Le lendemain de la signature du traité, les soldats d'Ieyasu se mettent au travail et rebouchent si vite le fossé en eau que les occupants de la forteresse ont peine à comprendre ce qui se passe. Sitôt ont-ils terminé qu'ils avancent et commencent à combler la deuxième ceinture de douves. Mais cela n'a jamais été inscrit dans les accords. Les commandants d'Hideyori réagissent avec véhémence et décident d'envoyer un haut fonctionnaire pour faire valoir leurs protestations. Mais le temps que celui-ci parvienne sur les lieux, les deuxièmes douves sont bouchées à leur tour. « Quels fous et inconscients avons-nous été de laisser faire ça ! » s'écrie-t-il. Mais il est trop tard pour regretter. Et puis, de toute façon, la paix étant rétablie, il n'y a plus besoin de douves.

En réalité, ce n'est pas à la paix que songe Ieyasu ; l'homme n'en est pas à sa première trahison. Il attaque de nouveau en juin 1615. Il a alors soixante-treize ans et livre sa quatre-vingt-dixième bataille. Maintenant que les deux lignes de douves sont comblées, la forteresse d'Osaka est beaucoup plus vulnérable et les soldats d'Hideyori doivent se résoudre à sortir de la citadelle pour se battre à découvert. L'armée d'Ideyasu est très supérieure en nombre et le combat est dur et sanglant. Les samouraïs à cheval et les fantassins armés de lances et de sabres affrontent vaillamment les hommes d'Ideyasu, mais, vaincus, doivent finalement reculer. Les têtes des soldats tombés au combat sont coupées et empilées pour compter les morts.

Hideyori, qui, avec les troupes de sa garde personnelle, attendait le moment propice dans l'enceinte de la forteresse, lance une nouvelle offensive. Autour des fortifications, la bataille fait rage. Dans la ville, les maisons brûlent et les gens s'enfuient, pris de panique. La fumée âcre des canons flotte dans l'air, bouchant la vue. Tout n'est que confusion.

Les troupes ennemies ont enfoncé la seconde ligne de défense. Le grand donjon de la forteresse est maintenant en feu et les flammes progressent très rapidement. Hideyori et sa mère se réfugient dans un magasin à l'épreuve du feu. Mais le lendemain, voyant que tout est perdu, ils se suicident.

La forteresse est détruite et la maison Toyotomi anéantie. La cité d'Osaka, qui abritait jadis 200 000 âmes, n'est plus que décombres et tas de cendres. Les fils d'Ieyasu rebâtiront la forteresse et la ville. Et pour les 250 ans à venir, c'est la maison Tokugawa qui gouvernera le Japon.

41

Dividing by a One-Digit Number

Dividing numbers is the opposite of multiplying. When you divide a large number, it gets broken into smaller parts. An area model can help you understand the process. Look at the example for $973 \div 7$.

I. Think: How many times can 7 go into 900?

2. Write 100.

3. Multiply $7 \times 100 = 700$, then subtract $973 - 700 = 273$.

	100	30	9
7	973 −700	273 −210	63 −63
	273	63	0

4. Now, think: How many times can 7 go into 273?

5. Write 30.

6. Multiply $7 \times 30 = 210$, then subtract $273 - 210 = 63$.

7. Finally, think: How many times can 7 go into 63?

8. Write 9.

9. Multiply $7 \times 9 = 63$, then subtract $63 - 63 = 0$.

10. The quotient is shown in expanded form at the top of the model:
$100 + 30 + 9 = 139$.

To solve division problems, decide how many times the divisor will go into each digit of the dividend. Move digits down from the dividend as you solve the problem. Write leftover numbers as remainders. Follow this example.

$8 \div 4 = 2$
$4 \times 2 = 8$

$$\begin{array}{r} 2 \\ 4\overline{)8917} \\ -8 \\ \hline 09 \end{array}$$

divisor   dividend

$9 \div 4 = 2$
remainder 1

$$\begin{array}{r} 22 \\ 4\overline{)8917} \\ -8 \\ \hline 09 \\ -8 \\ \hline 11 \end{array}$$

$11 \div 4 = 2$
remainder 3

$$\begin{array}{r} 222 \\ 4\overline{)8917} \\ -8 \\ \hline 09 \\ -8 \\ \hline 11 \\ -8 \\ \hline 37 \end{array}$$

$37 \div 4 = 9$
remainder 1

$$\begin{array}{r} 2229 \\ 4\overline{)8917} \\ -8 \\ \hline 09 \\ -8 \\ \hline 11 \\ -8 \\ \hline 37 \\ -36 \\ \hline 1 \end{array}$$

← quotient

← remainder

Guided Practice Understanding Place Value

Use the chart at the top of the page to help answer the questions. Write a number in each box.

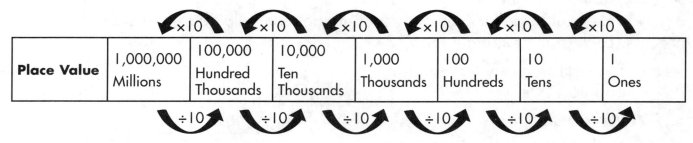

Place Value	1,000,000 Millions	100,000 Hundred Thousands	10,000 Ten Thousands	1,000 Thousands	100 Hundreds	10 Tens	1 Ones

---

1. Circle your answer.

To multiply 400 by 10, move in this direction on the place value chart.

left   right

2. Circle your answer.

To divide 8,000 by 10, move in this direction on the place value chart.

left   right

---

3. The product of 60 × 10 will have ☐ zeros.

4. The quotient of 9,000 ÷ 90 will have ☐ zeros.

5.
$$8000$$
$$\times \quad 100$$
$$\overline{\square 00,000}$$

6. 300,000 ÷ 100 =

☐,000

7.
$$600$$
$$\times \quad 10$$
$$\overline{\square\square\square\square}$$

8. 50,000 ÷ 10 =

☐☐☐☐

Independent Practice Understanding Place Value

Multiply or divide mentally. Use the chart on page 8 to help you.

1. $30,000 \div 3 =$ **2.** $500 \div 10 =$ **3.** $60 \times 100 =$

4. $7,000 \times 100 =$ **5.** $400 \div 40 =$ **6.** $100 \times 1,000 =$

7. $300,000 \div 1,000 =$ **8.** $8 \times 10,000 =$ **9.** $3,000 \div 10 =$

10. $1,000,000 \div 100,000 =$ **11.** $90 \times 10 =$ **12.** $80 \times 1,000 =$

13. $2 \times 10,000 =$ **14.** $4,000 \div 400 =$ **15.** $700 \times 10 =$

16. $800 \div 80 =$ **17.** $100,000 \div 1,000 =$ **18.** $20 \times 10 =$

19. $80 \div 8 =$ **20.** $100 \times 100 =$ **21.** $90,000 \div 10 =$

22. $600 \times 100 =$ **23.** $70,000 \div 70 =$ **24.** $300 \div 3 =$

Guided Practice Numbers in Three Ways

Complete each chart to express numbers in three different ways. Write a number in each box or a word in each blank.

Standard Form	5,108
I. Expanded Form	($\boxed{}$ × 1,000) + ($\boxed{}$ × 100) + ($\boxed{}$ × 1) = 5,000 + $\boxed{}$ + $\boxed{}$
2. Number Names	five thousand, one _____ eight

3. Standard Form	$\boxed{}\,\boxed{}\,\boxed{}\,\boxed{}\,\boxed{}$
4. Expanded Form	(3 × $\boxed{}$) + (2 × $\boxed{}$) + (9 × $\boxed{}$) + (6 × $\boxed{}$) = $\boxed{}\,\boxed{}\,\boxed{}\,\boxed{}$ + $\boxed{}\,\boxed{}\,\boxed{}\,\boxed{}$ + $\boxed{}\,\boxed{}$ + $\boxed{}$
Number Names	thirty-two thousand, ninety-six

Standard Form	504,286
5. Expanded Form	500,000 + $\boxed{}\,\boxed{}\,\boxed{}\,\boxed{}$ + $\boxed{}\,\boxed{}\,\boxed{}$ + 80 + $\boxed{}$
6. Number Names	five hundred _____ _____, two _____ _____ -six

Standard Form	11,908
7. Expanded Form	$\boxed{}\,\boxed{}\,\boxed{}\,\boxed{}\,\boxed{}$ + $\boxed{}\,\boxed{}\,\boxed{}\,\boxed{}$ + $\boxed{}\,\boxed{}\,\boxed{}$ + $\boxed{}$
8. Number Names	_____ _____

Independent Practice Numbers in Three Ways

Write the numbers in standard form.

1. fifty-eight _____

2. six thousand, two hundred eleven _____

3. eight hundred sixty-three thousand, four hundred twenty-two _____

4. seven hundred sixteen _____

5. nine thousand, three hundred one _____

6. one million _____

7. twelve thousand, four hundred ninety-nine _____

8. one thousand, sixty-six _____

Write the numbers using number names.

9. 4,647 _____

10. 54,219 _____

11. 546 _____

12. 821,605 _____

13. 97 _____

14. 11,965 _____

Write the numbers in expanded form. Use the shortened form 111,111 = 100,000 + 10,000 + 1,000 + 100 + 10 + 1.

15. 451 _____

16. sixty-two thousand, five hundred twelve _____

17. 76,982 _____

18. 313,082 _____

19. seven hundred twenty-one _____

20. 85,308 _____

21. one hundred ninety _____

22. 845,450 _____

23. 6,675 _____

24. eight thousand, three hundred seventeen _____

Guided Practice Comparing Numbers

Think about the value of the underlined digits to help you compare the numbers. In the circle between each pair of numbers, write > (greater than) or < (less than).

1. <u>8</u> ◯ <u>6</u>	**2.** <u>8</u>6 ◯ <u>9</u>4
3. <u>7</u>54 ◯ <u>3</u>47	**4.** <u>5</u>,682 ◯ <u>4</u>,982
5. <u>2</u>6,999 ◯ <u>3</u>1,200	**6.** <u>8</u>54,119 ◯ <u>6</u>75,421
7. <u>1</u>,042,789 ◯ <u>3</u>,000,000	**8.** 9,8<u>5</u>4 ◯ 9,8<u>6</u>4
9. 58,21<u>5</u> ◯ 58,21<u>1</u>	**10.** 254,<u>8</u>95 ◯ 254,<u>1</u>95

Independent Practice Comparing Numbers

Compare each pair of numbers. Write >, <, or =.

1. 3,647 ◯ 36,647   **2.** 4,678 ◯ 4,768

3. 68,035 ◯ 68,025   **4.** 56,703 ◯ 56,702

5. 125,125 ◯ 125,150   **6.** 90,368 ◯ 90,369

7. 65,003 ◯ 65,013   **8.** 4,567,801 ◯ 456,780

9. 7,621 ◯ 7,261   **10.** 769,348 ◯ 759,348

11. 506,708 ◯ 506,807   **12.** 9,982 ◯ 9,928

13. 224,364 ◯ 234,364   **14.** 32,506 ◯ 23,605

15. 7,850 ◯ 7,850   **16.** 9,851 ◯ 9,850

17. 430,632 ◯ 480,362   **18.** 49,984 ◯ 49,984

19. 172,302 ◯ 173,302   **20.** 6,886 ◯ 6,896

Order each set of numbers from least to greatest.

21. 342,192   328,191   340,384

_____

22. 68,297   405,495   929,058   65,382

_____

23. 385,722   456,817   395,024   409,990

_____

Guided Practice Rounding Numbers

Write a digit in each box to round the number to the place marked by the arrow. In each number, look at the underlined digit to the right of the arrow. If the underlined digit is equal to or greater than 5, add 1 to the target digit marked by the arrow. If the underlined digit is less than 5, the target digit marked by the arrow stays the same. When you write the rounded number in the boxes, change all digits to the right of the target digit to 0.

1. Round to the nearest ten.

1,56<u>8</u>
↑

☐ ☐ ☐ ☐

2. Round to the nearest hundred.

24,8<u>4</u>3
↑

☐ ☐ ☐ ☐ ☐

3. Round to the nearest thousand.

8,<u>6</u>51
↑

☐ ☐ ☐ ☐

4. Round to the nearest ten thousand.

43<u>2</u>,159
↑

☐ ☐ ☐ ☐ ☐ ☐

5. Round to the nearest hundred thousand.

1<u>1</u>1,555
↑

☐ ☐ ☐ ☐ ☐ ☐

6. Round to the nearest million

1,<u>3</u>42,100
↑

☐ ☐ ☐ ☐ ☐ ☐ ☐

7. Round to the nearest ten thousand.

8,1<u>4</u>2,999
↑

☐ ☐ ☐ ☐ ☐ ☐ ☐

8. Round to the nearest ten.

564,59<u>9</u>
↑

☐ ☐ ☐ ☐ ☐ ☐

9. Round to the nearest hundred.

8,4<u>2</u>3
↑

☐ ☐ ☐ ☐

10. Round to the nearest thousand.

49,<u>5</u>46
↑

☐ ☐ ☐ ☐ ☐

Independent Practice Rounding Numbers

Round to the nearest ten.

1. 5,882   **2.** 45,288   **3.** 975   **4.** 13,936   **5.** 842

_____   _____   _____   _____   _____

Round to the nearest hundred.

6. 58,345   **7.** 9,873   **8.** 8,375   **9.** 10,097   **10.** 1,987,654

_____   _____   _____   _____   _____

Round to the nearest thousand.

11. 987,436   **12.** 346,436   **13.** 98,345   **14.** 8,564   **15.** 75,459

_____   _____   _____   _____   _____

Round to the nearest ten thousand.

16. 184,564   **17.** 7,735,567   **18.** 34,596   **19.** 476,435   **20.** 5,638,748

_____   _____   _____   _____   _____

Round to the nearest hundred thousand.

21. 4,835,694   **22.** 354,543   **23.** 9,325,987   **24.** 7,952,436   **25.** 456,987

_____   _____   _____   _____   _____

Round to the nearest million.

26. 1,935,761   **27.** 3,666,345   **28.** 7,468,994   **29.** 5,565,740   **30.** 8,089,768

_____   _____   _____   _____   _____

NAME _____

Guided Practice Addition and Subtraction

Write a number in each box to solve the problems. Add or subtract digits from right to left. Rename if needed.

1. Use the place value table to help you add 110,252 + 254,667.

	Hundred Thousands	Ten Thousands	Thousands	Hundreds	Tens	Ones
	1	1	0	¹2	5	2
+	2	5	4	6	6	7
Sum					1	9

2. Use the place value table to help you subtract 245,697 from 986,251.

	Hundred Thousands	Ten Thousands	Thousands	Hundreds	Tens	Ones
	9	8	⁵6̸	¹¹2̸	¹⁴5̸	¹¹1̸
−	2	4	5	6	9	7
Difference					5	4

3.
```
  ¹ ¹
  6 2 1 1 5
+ 1 5 6 8 7
  □ □ □ □ □
```

4.
```
  □ □ □
  5 6 7 6 1
+ 2 2 7 3 9
  □ □ □ □ □
```

5.
```
    ¹ ¹
  ⁵6̸ 2̸ ¹1̸ 7 8
- 2 4 9 0 0
  □ □ □ □ □
```

6.
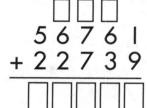
```
        □
      □ ⁴4̸ □
  2 3 7̸ 5̸ 6̸
- 1 0 5 6 8
  □ □ □ □ □
```

Independent Practice Addition and Subtraction

Add.

1. 75103 + 1789	**2.** 343963 +337158	**3.** 60056 +13051	**4.** 210763 + 39275
5. 66804 +32198	**6.** 257552 +198459	**7.** 746128 + 34004	**8.** 45220 +21399

Subtract.

9. 36973 −19782	**10.** 44500 −24712	**11.** 6137 −4372	**12.** 607041 −509136
13. 348796 −180708	**14.** 55013 − 5907	**15.** 47893 −45797	**16.** 840038 −261742

Solve.

17. Roberto and Steve counted their pennies. Roberto has 52,781, and Steve has 58,972. How many pennies do they have together?

They have _____ pennies.

18. A baseball team gave away free hats to 10,917 fans. There were 13,786 people at the game. How many fans did not get a free hat?

_____ fans did not get a hat.

19. Mr. Chien's art classes melted broken crayons. The morning class melted 7,325 pieces. The afternoon class melted 6,800 pieces. How many pieces did the classes melt?

They melted _____ pieces.

20. There are 5,248 different types of insects in Sue's neighborhood. Of those, 518 can harm people. How many cannot hurt Sue?

_____ insects cannot hurt Sue.

Guided Practice One-Digit Multiplication

Complete the area models to find the products.

1. 713 × 6

× 6	713		
	Hundreds	Tens	Ones
	700	10	
	6 × 700 = 4,200		6 × 3 = 18
Product	+	60 +	=

2. 1,652 × 8

× 8	1,652			
	Thousands	Hundreds	Tens	Ones
			50	
		8 × 600 = 4,800		8 × 2 = 16
Product	8,000 +	+	400 +	=

Write a number in each box to solve the problems.

3. Multiply the digit in the ones place by 6. Multiply the digit in the tens place by 6. Multiply the digit in the hundreds place by 6.

$$\begin{array}{r} \overset{3\ \ 2}{2\ 5\ 4} \\ \times \qquad 6 \\ \hline \square\square\square\square \end{array}$$

4. Multiply the digit in the ones place by 4. Multiply the digit in the tens place by 4. Multiply the digit in the hundreds place by 4. Multiply the digit in the thousands place by 4.

$$\begin{array}{r} \overset{2\ 1}{5\ 6\ 4\ 0} \\ \times \qquad\quad 4 \\ \hline \square\square\square\square\square \end{array}$$

Independent Practice One-Digit Multiplication

Multiply.

1. $\begin{array}{r} 55 \\ \times\ 3 \\ \hline \end{array}$ **2.** $\begin{array}{r} 64 \\ \times\ 8 \\ \hline \end{array}$ **3.** $\begin{array}{r} 83 \\ \times\ 5 \\ \hline \end{array}$ **4.** $\begin{array}{r} 49 \\ \times\ 7 \\ \hline \end{array}$ **5.** $\begin{array}{r} 50 \\ \times\ 9 \\ \hline \end{array}$

6. $\begin{array}{r} 652 \\ \times\ 3 \\ \hline \end{array}$ **7.** $\begin{array}{r} 142 \\ \times\ 4 \\ \hline \end{array}$ **8.** $\begin{array}{r} 704 \\ \times\ 8 \\ \hline \end{array}$ **9.** $\begin{array}{r} 193 \\ \times\ 7 \\ \hline \end{array}$ **10.** $\begin{array}{r} 246 \\ \times\ 3 \\ \hline \end{array}$

11. $\begin{array}{r} 2887 \\ \times\ 1 \\ \hline \end{array}$ **12.** $\begin{array}{r} 3117 \\ \times\ 8 \\ \hline \end{array}$ **13.** $\begin{array}{r} 8412 \\ \times\ 1 \\ \hline \end{array}$ **14.** $\begin{array}{r} 6348 \\ \times\ 3 \\ \hline \end{array}$ **15.** $\begin{array}{r} 2341 \\ \times\ 4 \\ \hline \end{array}$

Solve.

16. Clayton keeps pet mice. If his 33 mice have 12 babies each, how many mice will Clayton have in all?

Clayton will have _____ mice.

17. In a tropical rain forest, the average annual rainfall is about 150 inches. After 5 years, about how much rain will have fallen in the rain forest?

About _____ inches of rain will have fallen.

18. A school of 2,368 students went on a field trip to collect seashells. If the students collected 3 shells each, how many shells did they collect?

The students collected _____ shells.

19. Buses were reserved for the field trip. If each bus holds 20 students, how many students will 6 buses hold?

The buses will hold _____ students.

Guided Practice Two-Digit Multiplication

Complete the area models to find the products.

1. 27 × 16

		27	
		20	7
× 16	10	20 × 10 =	7 × 10 =
	6	20 × 6 =	7 × 6 =
Product: 200 + 70 + 120 + 42 = 432			

2. 86 × 25

		86	
		80	6
× 25	20		
	5		
Product:			

Write a number in each box to solve the problems.

3.

```
      48          ¹          ²
    × 3 2       4 8        4 8          4 8
              ×   2      × 3 0        × 3 2
              ┌─┬─┐     ┌─┬─┐            9 6
              └─┴─┘     └─┴─┘4 0     + 1 4 4 0
                                    ┌─┬─┬─┬─┐
                                    └─┴─┴─┴─┘
```

4.

```
      6 1         6 1        6 1          6 1
    × 1 9       ×   9      × 1 0        × 1 9
              ┌─┬─┬─┐    ┌─┬─┐          ┌─┬─┬─┐
              └─┴─┴─┘    └─┴─┘0         └─┴─┴─┘
                                      ┌─┬─┬─┐
                                    + └─┴─┴─┘
                                    ┌─┬─┬─┬─┐
                                    └─┴─┴─┴─┘
```

Independent Practice Two-Digit Multiplication

Multiply.

1. 22 ×19	**2.** 32 ×41	**3.** 72 ×18	**4.** 45 ×15	**5.** 48 ×20
6. 77 ×22	**7.** 63 ×24	**8.** 52 ×48	**9.** 28 ×25	**10.** 77 ×30
11. 33 ×29	**12.** 90 ×70	**13.** 57 ×23	**14.** 18 ×18	**15.** 77 ×27
16. 65 ×17	**17.** 88 ×22	**18.** 90 ×20	**19.** 37 ×23	**20.** 91 ×38

Solve.

21. Mrs. Rockwell checked on how much time her students spend doing homework. If all 23 students spend 20 hours a week, how much homework do the students do in a week?

They do _____ hours of homework a week.

22. A cable program loans channel boxes to 21 community centers for a trial program. If there are 12 boxes for each center, how many boxes are being loaned?

There are _____ boxes being loaned.

23. Mrs. Numkena's science class raised tadpoles. If 35 students raised 23 tadpoles each, how many tadpoles did the class have?

The class had _____ tadpoles.

24. At Lakeside View, 15 apartment houses were built. If there are 12 units to each apartment house, how many units are available?

There are _____ units available.

Guided Practice Dividing by One Digit

Follow the directions. Write a number in each box to complete the chart.

	1.	**3.**	**5.**
889 ÷ 8	$\begin{array}{r} 889 \\ -800 \\ \hline \end{array}$	$\begin{array}{r} 89 \\ -80 \\ \hline \end{array}$	$\begin{array}{r} 9 \\ -8 \\ \hline \end{array}$
	2.	**4.**	**6.**
7.			

1. How many times does 8 go into 800? Write the answer in box 1.

2. Multiply 8 × 100 = 800. Subtract 800 from 889 and write the difference in box 2.

3. How many times does 8 go into 89? Write the answer in box 3.

4. Multiply 8 × 10 = 80. Subtract 80 from 89 and write the difference in box 4.

5. How many times does 8 go into 9? Write the answer in box 5.

6. Multiply 8 × 1 = 8. Subtract 8 from 9 and write the difference in box 6.

7. The quotient is shown in expanded form in the top row: 100 + 10 + 1 = 111. The number in box 6 shows the remainder. Write the complete quotient in box 7.

Write a number in each box to complete the division problems.

8.

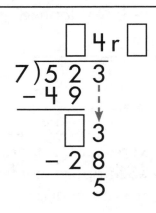

9.

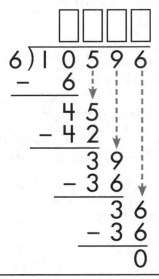

Independent Practice Dividing by One Digit

Divide.

1. 6)497

2. 2)128

3. 5)257

4. 9)418

5. 6)678

6. 5)2516

7. 3)8437

8. 3)2076

9. 8)8179

10. 6)2649

11. 9)5082

12. 7)6554

13. 5)9479

14. 2)4236

15. 3)6879

16. 2)6671

Solve.

17. Mario is packaging footballs in a box. Six footballs will fit in 1 box. How many boxes will Mario need if he has to package 288 footballs?

He needs _____ packages.

18. Katie has 2,837 flowers. If Katie puts 7 flowers in each vase, how many full vases will Katie have when she is finished?

She will have _____ vases.

19. Leo is bottling soda. Each bottle holds 7 ounces. How many bottles does Leo need if he has 2,786 ounces of soda to bottle?

He needs _____ bottles.

20. Anna has 7,209 cans of soup that need to be boxed. If she puts 9 cans of soup in 1 box, how many boxes will she need?

She needs _____ boxes.

Performance Task 1

Solve

Solve the real-world problem. Use the space to show your mathematical thinking.

John is thinking of a number in the hundred thousands. The first digit is equal to the number of digits in the number. The number has twenty tens and twice as many thousands. The number of ones is an odd number that is less than 5 and greater than the digit in the hundreds place. What is John's number?

Reflect

If there are twenty tens in John's number, why is there a 0 in the tens place?

_____

_____

_____

_____

_____

_____

Performance Task 2

Solve

Solve the real-world problem. Use the space to show your mathematical thinking.

Using the digits 4, 5, 3, 6, and 1, write three numbers—the smallest number possible, the largest number possible, and a number between the largest and smallest numbers.

Reflect

How many different numbers can be created that are in between the largest and smallest numbers?

_____

_____

_____

_____

_____

_____

_____

Performance Task 3

Solve

Solve the real-world problem. Use the space to show your mathematical thinking.

Ticket sales for the 4 film festival days at the theater were 449, 512, 485, and 376. The theater had a goal of 2,000 tickets sold for the festival. Did they meet their goal? Why or why not?

Reflect

If ticket sales for all 4 days had rounded to 500, would that definitely mean the goal was met? Explain.

_____

_____

_____

_____

_____

_____

_____

Performance Task 4

Solve

Solve the real-world problem. Use the space to show your mathematical thinking.

Mr. Edwards needs to buy shaped erasers as prizes for the school fair. He found one store selling erasers at $2 for 10 erasers. He found another store selling erasers in bulk at $50 for 1,000 erasers. If he needs 1,000 erasers, which option is a better deal? Why?

Reflect

If Mr. Edwards needed only 100 erasers, would your answer still be the same? Explain.

_____

_____

_____

_____

_____

_____

Performance Task 5

Solve

Solve the real-world problem. Use the space to show your mathematical thinking.

Jade solved the division problem below. What did she do wrong? How can she fix it?

$$
\begin{array}{r}
2{,}180 \text{ r}2 \\
8\overline{)1746} \\
-16 \\
\hline
14 \\
-8 \\
\hline
66 \\
-64 \\
\hline
2 \\
\end{array}
$$

Reflect

Is it possible to divide the remainder equally by 8 also? Draw a picture to show your answer.

Assessment

Part 1: I understand place value.

Write the digit in each place named.

1. 50,975
ten thousands

_____

2. 986,580
hundred thousands

_____

3. 179,802
thousands

_____

4. 506,671
ten thousands

_____

5. 865,003
ten thousands

_____

6. 997,780
hundred thousands

_____

Solve mentally.

7. $10,000 \div 100 =$ _____

8. $10 \times 10 =$ _____

9. $1,000 \div 100 =$ _____

10. $100 \times 10 =$ _____

11. $8,000 \div 80 =$ _____

12. $700 \times 100 =$ _____

13. $90,000 \div 900 =$ _____

14. $6,000 \times 10 =$ _____

Part 2: I can express numbers using standard form, number names, and expanded form.

Fill in the blanks. For the last item, choose your own number to express in three different ways.

1. Standard Form: 869

Number Names: _____

Expanded Form: _____

2. Standard Form: _____

Number Names: sixty-three thousand, nine hundred forty-two

Expanded Form: _____

Assessment

3. Standard Form: _____

   Number Names: _____

   Expanded Form: 100,000 + 1,000 + 800 + 10 + 5

4. Standard Form: _____

   Number Names: _____

   Expanded Form: _____

Part 3: I can compare multi-digit numbers.

Compare using >, <, or =.

1. 28,012 $\bigcirc$ 20,812

2. 7 hundreds + 2 tens $\bigcirc$ 60 tens + 20 ones

3. 1,868,213 $\bigcirc$ 1,886,213

4. 30 thousands + 5 hundreds + 4 ones $\bigcirc$ 3 ten thousands + 50 tens + 4 ones

5. 47,999 $\bigcirc$ 45,999

6. 199,900 $\bigcirc$ 199,090

Part 4: I can round numbers to any place.

1. Round 389 to the nearest tens place. _____

2. Round 36,274 to the nearest thousands place. _____

3. Round 1,650,013 to the nearest hundred thousands place. _____

4. Round 20,147 to the nearest hundreds place. _____

5. Round 875,322 to the nearest ten thousands place. _____

6. Round 5,143 to the nearest hundreds place. _____

Assessment

Part 5: I can add and subtract multi-digit numbers.

Add or subtract.

1. $\begin{array}{r} 4003 \\ +1717 \\ \hline \end{array}$

2. $\begin{array}{r} 193 \\ +117 \\ \hline \end{array}$

3. $\begin{array}{r} 2281 \\ +1307 \\ \hline \end{array}$

4. $\begin{array}{r} 624 \\ +624 \\ \hline \end{array}$

5. $\begin{array}{r} 1502 \\ +\ 375 \\ \hline \end{array}$

6. $\begin{array}{r} 6152 \\ +1343 \\ \hline \end{array}$

7. $\begin{array}{r} 5799 \\ -3182 \\ \hline \end{array}$

8. $\begin{array}{r} 2872 \\ -\ 591 \\ \hline \end{array}$

9. $\begin{array}{r} 1890 \\ -\ 727 \\ \hline \end{array}$

10. $\begin{array}{r} 2378 \\ -1060 \\ \hline \end{array}$

11. $\begin{array}{r} 22486 \\ -\ \ 475 \\ \hline \end{array}$

12. $\begin{array}{r} 71487 \\ -\ 2271 \\ \hline \end{array}$

Solve.

13. The Brown County Humane Society took in 15,538 pets in the first six months of the year. The rest of the year, they took in 10,456 pets. How many pets did they take in during the year?

    They took in _____ pets during the year.

14. Springfield School District bought 578 new science books. There are 1,976 students in the science classes. How many students will not receive a new book?

    There will be _____ students without a new book.

Part 6: I can multiply by a one-digit number.

Multiply.

1. $\begin{array}{r} 857 \\ \times\ \ \ 7 \\ \hline \end{array}$

2. $\begin{array}{r} 299 \\ \times\ \ \ 4 \\ \hline \end{array}$

3. $\begin{array}{r} 7485 \\ \times\ \ \ \ 3 \\ \hline \end{array}$

4. $\begin{array}{r} 3541 \\ \times\ \ \ \ 9 \\ \hline \end{array}$

5. $\begin{array}{r} 49 \\ \times\ 7 \\ \hline \end{array}$

6. $\begin{array}{r} 1235 \\ \times\ \ \ \ 6 \\ \hline \end{array}$

7. $\begin{array}{r} 578 \\ \times\ \ \ 5 \\ \hline \end{array}$

8. $\begin{array}{r} 99 \\ \times\ 9 \\ \hline \end{array}$

Assessment

Part 7: I can multiply two-digit numbers.

Multiply.

1. 32
   ×25

2. 21
   ×17

3. 35
   ×11

4. 26
   ×13

5. 64
   ×17

6. 84
   ×50

7. 67
   ×15

8. 53
   ×41

Solve.

9. The Cruisin' Coaster has 19 cars. If 37 people can ride in each car, how many people can ride at the same time?

   _____ people can ride.

Part 8: I can divide multi-digit dividends by one-digit divisors.

Divide.

1. 3)639

2. 7)359

3. 6)792

4. 8)848

5. 7)4900

6. 5)1063

7. 4)9572

8. 6)8736

Solve.

9. Taylor needs 612 more dollars to buy a plane ticket. If he saves 9 dollars a day, how soon can he buy the ticket?

   He will have the money in _____ days.

Answer Key

Page 8

1. left; **2.** right; **3.** 2 zeros; **4.** 2 zeros; **5.** 800,000; **6.** 3,000; **7.** 6,000; **8.** 5,000

Page 9

1. 10,000; **2.** 50; **3.** 6,000; **4.** 700,000; **5.** 10; **6.** 100,000; **7.** 300; **8.** 80,000; **9.** 300; **10.** 10; **11.** 900; **12.** 80,000; **13.** 20,000; **14.** 10; **15.** 7,000; **16.** 10; **17.** 100; **18.** 200; **19.** 10; **20.** 10,000; **21.** 9,000; **22.** 60,000; **23.** 1,000; **24.** 100

Page 10

1. (5 × 1,000) + (1 × 100) + (8 × 1) = 5,000 + 100 + 8; **2.** five thousand, one hundred eight; **3.** 32,096; **4.** (3 × 10,000) + (2 × 1,000) + (9 × 10) + (6 × 1) = 30,000 + 2,000 + 90 + 6; **5.** 500,000 + 4,000 + 200 + 80 + 6; **6.** five hundred four thousand, two hundred eighty-six; **7.** 10,000 + 1,000 + 900 + 8; eleven thousand, nine hundred eight

Page 11

1. 58; **2.** 6,211; **3.** 863,422; **4.** 716; **5.** 9,301; **6.** 1,000,000; **7.** 12,499; **8.** 1,066; **9.** four thousand, six hundred forty-seven; **10.** fifty-four thousand, two hundred nineteen; **11.** five hundred forty-six;

12. eight hundred twenty-one thousand, six hundred five; **13.** ninety-seven; **14.** eleven thousand, nine hundred sixty-five; **15.** 400 + 50 + 1; **16.** 60,000 + 2,000 + 500 + 10 + 2; **17.** 70,000 + 6,000 + 900 + 80 + 2; **18.** 300,000 + 10,000 + 3,000 + 80 + 2; **19.** 700 + 20 + 1; **20.** 80,000 + 5,000 + 300 + 8; **21.** 100 + 90; **22.** 800,000 + 40,000 + 5,000 + 400 + 50; **23.** 6,000 + 600 + 70 + 5; **24.** 8,000 + 300 + 10 + 7

Page 12

1. >; **2.** <; **3.** >; **4.** >; **5.** <; **6.** >; **7.** <; **8.** <; **9.** >; **10.** >

Page 13

1. <; **2.** <; **3.** >; **4.** >; **5.** <; **6.** <; **7.** <; **8.** >; **9.** >; **10.** >; **11.** <; **12.** >; **13.** <; **14.** >; **15.** =; **16.** >; 17. <; **18.** =; **19.** <; **20.** <; **21.** 328,191, 340,384, 342,192; **22.** 65,382, 68,297, 405,495, 929,058; **23.** 385,722, 395,024, 409,990, 456,817

Page 14

1. 1,570; **2.** 24,800; **3.** 9,000; **4.** 430,000; **5.** 100,000; **6.** 1,000,000; **7.** 8,140,000; **8.** 564,600; **9.** 8,400; **10.** 50,000

Answer Key

Page 15

1. 5,880; **2.** 45,290; **3.** 980; **4.** 13,940;
5. 840; **6.** 58,300; **7.** 9,900; **8.** 8,400;
9. 10,100; **10.** 1,987,700; **11.** 987,000;
12. 346,000; **13.** 98,000; **14.** 9,000;
15. 75,000; **16.** 180,000; **17.** 7,740,000;
18. 30,000; **19.** 480,000; **20.** 5,640,000;
21. 4,800,000; **22.** 400,000;
23. 9,300,000; **24.** 8,000,000;
25. 500,000; **26.** 2,000,000;
27. 4,000,000; **28.** 7,000,000;
29. 6,000,000; **30.** 8,000,000

Page 16

1. 364,919; **2.** 740,554; **3.** 77,802;
4. 79,500; **5.** 37,278; **6.** 13,188

Page 17

1. 76,892; **2.** 681,121; **3.** 73,107;
4. 250,038; **5.** 99,002; **6.** 456,011;
7. 780,132; **8.** 66,619; **9.** 17,191;
10. 19,788; **11.** 1,765; **12.** 97,905;
13. 168,088; **14.** 49,106; **15.** 2,096;
16. 578,296; **17.** 111,753; **18.** 2,869;
19. 14,125; **20.** 4,730

Page 18

1.

713			
× 6	Hundreds	Tens	Ones
	700	10	3
	6 × 700 = 4,200	6 × 10 = 60	6 × 3 = 18
Product	4,200 +	60 +	18 = 4,278

2.

1,652				
× 8	Thousands	Hundreds	Tens	Ones
	1,000	600	50	2
	8 × 1,000 = 8,000	8 × 600 = 4,800	8 × 50 = 400	8 × 2 = 16
Product	8,000 +	4,800 +	400 +	16 = 13,216

3. 1,524; **4.** 22,560

Page 19

1. 165; **2.** 512; **3.** 415; **4.** 343; **5.** 450;
6. 1,956; **7.** 568; **8.** 5,632; **9.** 1,351;
10. 738; **11.** 2,887; **12.** 24,936;
13. 8,412; **14.** 19,044; **15.** 9,364;
16. 396; **17.** 750; **18.** 7,104; **19.** 120

Page 20

1.

27			
		20	7
× 16	10	20 × 10 = 200	7 × 10 = 70
	6	20 × 6 = 120	7 × 6 = 42
Product: 200 + 70 + 120 + 42 = 432			

2.

86			
		80	6
× 25	20	80 × 20 = 1,600	6 × 20 = 120
	5	80 × 5 = 400	6 × 5 = 30
Product: 1,600 + 120 + 400 + 30 = 2,150			

3. 96, 1,440, 1,536; **4.** 549, 610, 549 + 610 = 1,159

Page 21

1. 418; **2.** 1,312; **3.** 1,296; **4.** 675;
5. 960; **6.** 1,694; **7.** 1,512; **8.** 2,496;
9. 700; **10.** 2,310; **11.** 957; **12.** 6,300;
13. 1,311; **14.** 324; **15.** 2,079; **16.** 1,105;
17. 1,936; **18.** 1,800; **19.** 851; **20.** 3,458;
21. 460; **22.** 252; **23.** 805; **24.** 180

Page 22

1. 100; **2.** 89; **3.** 10; **4.** 9; **5.** 1; **6.** 1;
7. 111 r1; **8.** 74 r5; **9.** 1,766

```
    7 4 r 5
7 ) 5 2 3
  - 4 9
      3 3
    - 2 8
        5
```

Answer Key

Page 23

1. 82 r5; **2.** 64; **3.** 51 r2; **4.** 46 r4; **5.** 113;
6. 503 r1; **7.** 2,812 r1; **8.** 692;
9. 1,022 r3; **10.** 441 r3; **11.** 564 r6;
12. 936 r2; **13.** 1,895 r4; **14.** 2,118;
15. 2,293; **16.** 3,335 r1; **17.** 48 packages;
18. 405 vases with 2 flowers left over;
19. 398 bottles; **20.** 801 boxes

Page 24

Solve: Proficient students will recognize that John's number is 640,203.

Reflect: John's number has a 0 in the tens place and a 2 in the hundreds place because 20 tens is the same as 2 hundreds.

Page 25

Solve: Proficient students will use all the digits provided to determine that the smallest number possible is 13,456 and the largest number possible is 65,431. A number in between these formed with the given digits is 43,615.

Reflect: To find the number of possible numbers between 65,431 and 13,456, subtract the smaller number from the larger number. The difference tells you that 51,795 numbers lie in between these two.

Page 26

Solve: Proficient students will find the sum of 449, 512, 485, and 376 to discover that 1,822 tickets were sold. Since 1,822 is less than 2,000, the theater did not meet its goal.

Reflect: If ticket sales for each of 4 days rounded to 500, the total rounded sales for 4 days would equal 2,000. However, the rounded number would not give an exact count of tickets sold. Since sales for some days could have been rounded up instead of rounded down, the actual number of tickets sold might be less than 2,000.

Page 27

Solve: Proficient students will determine that the first store sells 10 erasers for $2 (200¢) or 20¢ for each eraser. At the second store, which sells 1,000 erasers for $50 (5,000¢), the price for each eraser is 5¢. Since Mr. Edwards needs to buy 1,000 erasers, the second store has the better deal.

Reflect: If Mr. Edwards only needed to buy 100 erasers, he could buy 10 packages of erasers at the first store for a total purchase price of $20 (10 × $2). This would be a better deal than spending $50 at the second store to buy more erasers than needed.

Page 28

Solve: Proficient students will recognize that Jade began writing the quotient in the wrong place. Instead of writing 2 over the digit 7, she wrote it over the digit 1. The divisor 8 goes into 17 two times, not into 1 two times. Instead of 2,180 r2, the quotient should be 218 r2.

Reflect: Yes, it is possible to divide the whole number 2 into 8 equal parts. The fraction $\frac{2}{8}$ equals $\frac{1}{4}$, as shown.

Answer Key

Assessment

Part 1: 1. 5; **2.** 9; **3.** 9; **4.** 0; **5.** 6; **6.** 9; **7.** 100; **8.** 100; **9.** 10; **10.** 1,000; **11.** 100; **12.** 70,000; **13.** 100; **14.** 60,000

Part 2: 1. eight hundred sixty-nine, 800 + 60 + 9; **2.** 63,942, 60,000 + 3,000 + 900 + 40 + 2; **3.** 101,815, one hundred one thousand, eight hundred fifteen; **4.** Answers will vary, but should demonstrate correct use of place value.

Part 3: 1. >; **2.** >; **3.** <; **4.** =; **5.** >; **6.** >

Part 4: 1. 390; **2.** 36,000; **3.** 1,700,000; **4.** 20,100; **5.** 880,000; **6.** 5,100

Part 5: 1. 5,720; **2.** 310; **3.** 3,588; **4.** 1,248; **5.** 1,877; **6.** 7,495; **7.** 2,617; **8.** 2,281; **9.** 1,163; **10.** 1,318; **11.** 22,011; **12.** 69,216; **13.** 25,994; **14.** 1,398

Part 6: 1. 5,999; **2.** 1,196; **3.** 22,455; **4.** 31,869; **5.** 343; **6.** 7,410; **7.** 2,890; **8.** 891

Part 7: 1. 800; **2.** 357; **3.** 385; **4.** 338; **5.** 1,088; **6.** 4,200; **7.** 1,005; **8.** 2,173; **9.** 703

Part 8: 1. 213; **2.** 51 r2; **3.** 132; **4.** 106; **5.** 700; **6.** 212 r3; **7.** 2,393; **8.** 1,456; **9.** 68